Marion Bolte, geboren 2. 9. 1956, wohnt in Köln und studierte Deutsch und Englisch für das Lehramt an Schulen. Seit 1981 arbeitet sie vorwiegend als freie Journalistin im Kinder- und Jugendbereich bei verschiedenen Rundfunkanstalten.

Gisela Corves, geboren 22. 3. 1951, lebt als Rundfunkjournalistin in Köln. Erstes und zweites Staatsexamen für das Lehramt am Gymnasium. Von 1980 bis 1982 Leiterin des Kinderprogramms beim Hessischen Rundfunk.

Bärbel Maiwurm, geboren 1952 in Köln, war acht Jahre Lehrerin an Gymnasium und Gesamtschule und in dieser Zeit Mitherausgeberin des Lehrerkalenders (Anabas Verlag). Arbeitet seit 1980 als Autorin («Neun Monate», Frauenbuchverlag, Rundfunksendungen für Jugendliche und Erwachsene) und unterrichtet an der Fachhochschule für Sozialpädagogik Medienpädagogik/Visuelle Kommunikation.

Total verknallt

Ein Liebeslesebuch

Herausgegeben von
Marion Bolte, Gisela Corves,
Bärbel Maiwurm

rororo Rowohlt

rororo rotfuchs
Herausgegeben von Ute Blaich und Renate Boldt

39.–42. Tausend Dezember 1992

Originalausgabe
Veröffentlicht im Rowohlt Taschenbuch Verlag GmbH,
Reinbek bei Hamburg, Februar 1984

Umschlagfoto Sebastian Kusenberg
Umschlagtypographie Thomas Henning
rotfuchs-comic Jan P. Schniebel

Gesetzt aus der Times und Helvetica (Linotron 404)
Gesamtherstellung Clausen & Bosse, Leck
Printed in Germany
790-ISBN 3 499 20356 1

Für Beiträge und Anregungen
danken wir an dieser St elle ganz besonders:
Mari Stella Angioni Janina A ndersen Anne Ralf Bäcker
Lydia Beckemeyer Irmgard Behlau Boris Blase Silke Bohnenst
effen Kele Bonato Ursula Brockmeyer Frank Büschau Stefan
Büttner Marianne Buschmann Mike Butzke Brigitte Convent Chris
tian Christiane Ina Deter Uschi Dresing Edith Eberhardt Jürgen
Erbe Fati Anette Frick Andrea Froese Bebs Frohwein Petra Gall
Norbert Gauer Georg Anke Gleuser Michael Grothe Birgit Gülden He
ide-Marie Hagen Jan Hardt Thomas Hackenberg Paul Hartjens Silke
Herold Petra Hirschgänger Gernot Huber Andrea Hunfeld Heike Hup
perz Irene Trude Kaiser Tina Keller Elisa Kellner Michael Kellner Ch
ristiane Kerpen Nele Kleyer Esther Kluth Manfred König Kirsten Kräft
Hanna Krohn Kathy Kusanke Helena Langkau Britta Liebetrau Chri
stiane Maaß Ute Mackenberg Anne Matthies Iris Matthiesen Susanne
Matthiesen Michael Meert Sabine Meyknecht Carla Neumann Dany
Nicolay Wolfgang Niedecken Jeanette Nielsen Harald Nolden Tina
Osmann Christoph Pacholski Susanne Panten Knut Peters Ma
rion Phillips Udo Pitschner Xenia Rabe Jürgen Rau Katja Reu
ther Andrea Romahn Susi Romahn Horst Rochlus Jeanette
Rochlus Monika Rochlus Sabine Nicole von Säfft Rainer Sam
bak Sabine Schmidt Karin Schneider Tanja Schniewald Do
ro Schorlemann Friederike Schulte Axel Schulten Christian
Schulz Peter-T. Schulz Monika Seck-Agthe Jorinde Sel
isch Selma Angelika Simbriger Petra Simon Manfred
Spiess Stefan Susanne Steffens Rosi Stolz Martin
Tarrach Christiane Tiede Stefan Tiesing Boris
Trenz Tüley Veronika Richard L. Wagner Wolf
gang Weber Manfred Weiß Bettina Well
mann Franz Wiehler Verena Willinick An
drea Wilke Beate Wrobbel Micha
el Zeisberg Wolfgang Ziemer
Petra Zimmermann
Tanja Zimmer
man
n

INHALT

NÄHE – ENTFERNUNGSMÄSSIG

SCHMETTERLINGE IM BAUCH

BEI MEINEM AUSSEHEN KANN ICH DOCH NICHT AUSGEHEN

NÄHE – ENTFERNUNGSMÄSSIG

SUSIE ROMAHN

Besoffen vor Glück

Verknallt sein, das ist ein Gefühl, das ich einfach nicht beschreiben kann. Ich fühle es vor allem stark körperlich, mein Atem wird unregelmäßig, und in meinem Bauch breitet sich ein brennendes Gefühl aus, das sich langsam in meinem ganzen Körper verteilt.

Wenn ich merke, daß der andere sich auch für mich interessiert, schwanke ich wie besoffen durch den Alltag – besoffen von einem unendlichen Glücksgefühl. Ein Gefühl, das mich stark macht und mich dermaßen ausfüllt, bis ich platze. Dann kann ich nämlich nicht mehr anders, ich muß es einfach ausdrücken. Wut kann ich kaum zeigen, Freude und Trauer nur teilweise. Aber verknallt sein, das kann ich zeigen, da werde ich verrückt. Das muß ich rausschreien oder raustanzen oder zumindest jedem erzählen. Manchmal weine ich auch – vor Glück.

Es ist ein Gefühl, was sich ganz plötzlich in mir entzündet. Als ich elf Jahre alt war, habe ich gesehen, wie ein Junge, den ich kannte, die Bahn verpaßte und dann anfing zu weinen. Das hat mich enorm beeindruckt, sofort verknallte ich mich in ihn. Aber ich habe mich nicht getraut, den Anfang zu machen, ich mußte erst immer wissen, daß der andere auch wollte.

Einmal bin ich in ein Ferienlager in die DDR gefahren. Wir waren alle auf einem riesigen Waldgrundstück. Um den Wald war ein Zaun gezogen, der zu unserem Schutz sein sollte. An einer Stelle, die tief im Wald lag, gab es einen Geheimtreff, zu dem mich eine Freundin mitnahm. Wir gingen durch den Wald, bis wir zum Zaun kamen, wo der Geheimtreff stattfand. Auf unserer Seite waren Leute, die ich kannte, auf der anderen Seite waren Jugendliche aus der DDR. Zur Begrüßung reichten wir uns die Hände durch den Zaun. Ein Junge nahm meine Hände. Ich sah ihn an, er sah mich an. In mir strömte sofort dieses Glücksgefühl durch den ganzen Körper. Wir starrten uns noch längere Zeit so an und hielten uns dabei an den Händen. Die anderen begannen schon aufmerksam zu werden, aber ich nahm es schon gar nicht mehr wahr. Das warme Gefühl umnebelte mich. Unsere Hände tasteten sich weiter, wir fingen an, uns langsam und zärtlich zu streicheln. Ohne daß wir darüber redeten, wußten wir, daß wir zusammen

waren. Die Tage danach waren nur für uns. Jeden Tag schien die Sonne, wir trafen uns im Wald, machten Spaziergänge, fanden Lichtungen, in denen wir stundenlang im Gras lagen, und waren zärtlich zueinander.
Als ich wieder nach Hause fahren mußte, kam er mit zum Bahnhof. Während der Zug schon anfuhr, hob er seine Hand und rief: «Ich besuche dich mal, wenn ich Rentner bin!» Dann fing ich an zu weinen.

JÜRGEN ERBE
Schön ist's

schön ist's
wenn deine hand mich berührt
wenn ich mich und die welt vergesse
wenn deine zärtlichkeit mich verführt
wenn nichts und niemand mich wecken kann
schön ist's

MARGARET MEAD
Wer ist es?

«Wollt ihr wissen, wer der eigentliche Liebhaber ist, so schaut nicht auf den Jungen, der neben ihr sitzt, ihr keck in die Augen blickt und die Blumen ihrer Halskette zwischen den Fingern dreht oder die Hibiskusblüte aus ihrem Haar stiehlt und sie sich hinters Ohr steckt. Haltet nicht den dafür, der leise in ihr Ohr flüstert oder zu ihr sagt: «Liebste, erwarte mich heute nacht. Wenn der Mond untergegangen ist, komme ich zu dir», oder der sie damit neckt, daß sie viele Liebhaber hat. Schaut indessen auf den Jüngling, der weit von ihr entfernt sitzt, den Kopf gesenkt hält und nicht an den Scherzen teilnimmt. Ihr werdet sehen, daß er seine Augen immer sanft auf das Mädchen gerichtet hält. Er beobachtet sie und übersieht keine ihrer Bewegungen. Vielleicht nickt sie ihm zu, vielleicht bewegt sie ihre Augenbrauen, vielleicht gibt sie ihm ein Zeichen mit der Hand. Er muß immer wachsam sein, um nichts zu übersehen.»

aus: Kindheit und Jugend in Samoa

BÄRBEL MAIWURM

Unterm Regenbogen

Das Schwimmbad ist rappelvoll. Wir halten uns beide am Rand des Beckens fest. Er ist schon ganz braun von der Junisonne. Seine Haare sind naß, und die Wassertropfen glänzen wie verrückt auf seinem Körper. Ich möchte ihn berühren. «Kuck mal die beiden!» kreischt Petra, diese indiskrete Person, über den Platz.

Plötzlich gleiten wir in die Tiefe. Die Farben verändern sich. Wir schwimmen in einem Regenbogen.

Das eiskalte Badewasser ist zwischen uns ganz heiß.

Ich berühre seine Hüfte. Die Badehose ist wie Fischhaut. Ich streiche über die Stelle an seinem Hals, die ich immer sehen konnte, wenn ich in der Klasse hinter ihm stand.

7.00 Der Wecker holt mich aus meinen Träumen. Schade, ich hätte ihn so gern verführt.

8.15 Die Schulglocke läutet. Erste Stunde. Ich unterrichte Kunst.
«He, Klaus, die Hose von der Bärbel ist so eng, da kann man die Funz sehen!»
Ich werde rot, kann nicht reagieren.
«Setzt euch hin und holt schon mal die Sachen raus!»
«Ich hab meinen Zeichenblock vergessen.»
«Setzt euch endlich. Wo sind die anderen?»
Eine johlende Menge stürzt in die Klasse.

Ich drehe mich um, schau in seine Augen, denke an den Traum und werde verlegen. Der Unterricht beginnt.

UDO PITSCHNER

Außer Atem

«Schlag mich, ich mag dich», dachte Monika wohl und lief aufgeregt vor die Tür der Turnhalle. Ich zornig und sauer hinterher, angeätzt, weil diese doofe Kuh den Schlüssel nicht rausrückt. Noch mehr nervte mich dieses zickige Prinzessinnengetue und wie sie immer kicherte.

Jedenfalls, ich rase hinter ihr her: «Rück den verdammten Schlüssel raus!» Auf der Wiese hatte ich sie eingeholt. Ich erwischte einen Rockzipfel. Damit brachte ich sie zum Stolpern. Sie fiel auf den Rasen. Die Rauferei ging los. Ich – Gänsehaut, Herzblubbern und weiche Knie! Nur in meinen Träumen hatte ich vorher gewagt, sie zu berühren.

Wie wild wälzten wir uns über den Rasen. Ich lag wohl zuerst unten. Drehen – Armpacken – «sag ja, sag ja!» Monika gab mir einen satten Schmatzer. Ich gab die Löffel ab. Wir knutschten, bis wir dösig waren, keine Luft mehr hatten. Der Ringkampf war mit anderen Mitteln fortgesetzt.

Ich habe verloren. Den Schlüssel und mich. Ich warf das Handtuch. – Bis zum nächstenmal.

STEFAN BÜTTNER

Ohne Susi

Auf einer Fete haben wir La Bamba getanzt. Ich mußte Susi küssen, und Uwe hat die Sekunden gezählt. 394 ... 395 ... Gewonnen hat der, der es am längsten schafft. Wer es am tollsten trieb, der war der Größte.

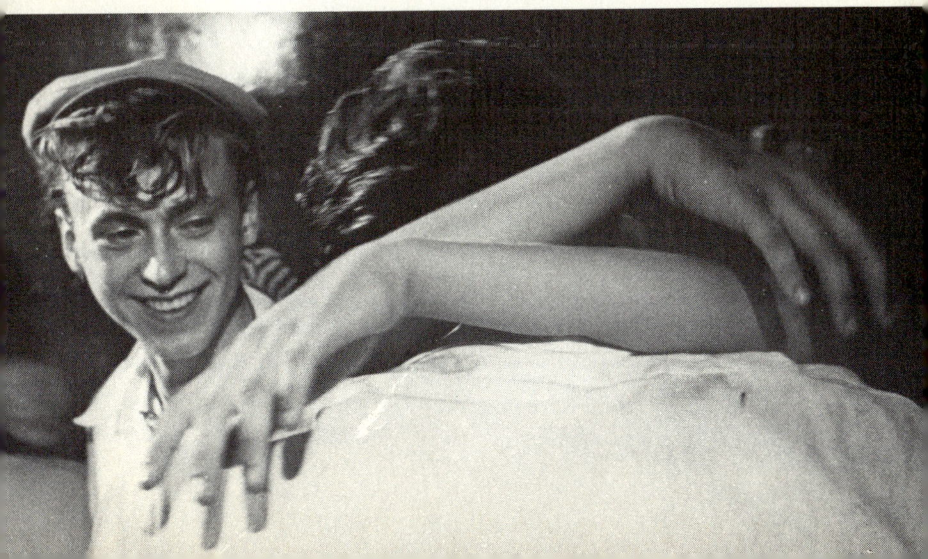

ESTHER KLUTH
Wetten, daß ...?

Meinen ersten Kuß habe ich auf einer Geburtstagsparty bekommen. Es war der Geburtstag von einem Jungen, den ich sehr gern mochte. Ein anderer Junge sagte zu ihm: «Wetten, du traust dich nicht, Esther einen Kuß zu geben.» – «Doch», sagte er. Auf einmal kamen die ganzen Jungen auf mich zu, ich wußte überhaupt nicht, was los war, ich war ganz verwirrt. Als sie mich dann festgehalten haben, habe ich mich furchtbar gewehrt. Der Junge hat mir dann einen Kuß auf die Backe gegeben. Das war ein ganz komisches Gefühl, unheimlich schön. Aber mir war das sehr peinlich. Ich bin, glaube ich, ganz rot im Gesicht geworden.

ROSI STOLZ
So nicht, Mama

Fete! – «Was zieht ihr denn heute abend an?» – «Schwarzes T-Shirt und Jeans.» – «Nee, laß uns doch lieber ein weißes anziehen.» – «Na gut, aber dann alle!» Wir verabredeten uns um 19 Uhr vor der Haustür. Daß wir vier Mädchen immer überall zusammen hingingen, war klar. Das gab uns ein starkes Gefühl der Sicherheit.
Der Anfang der Fete ist stinklangweilig. Keiner tanzt, und als nächste Platte auch noch Blues!
Später ist die Tanzfläche rappelvoll. Uli ist auch da. Hoffentlich sieht er mich! ... Wo ist Rita bloß? Sie ist bestimmt mit Nicky draußen. Draußen! Draußen, das bedeutet schmusen. Wo ist Uli nur? Da! Ob ich ihn zum Tanzen auffordern soll? Jetzt wird ein schnelles Lied gespielt, also los! «Bist du auch hier?» – «Ja!» – «Willst du tanzen?» – «Nö.» – «Wir können ja ein bißchen spazierengehen!»
Herzklopfen, während wir hinausgingen. Wird er mich küssen? Wir sitzen auf der Schulhofbank und erzählen, ganz harmlos. Uli will bestimmt nichts von mir!

«Du, ich finde dich unheimlich nett, du bist die einzige, mit der ich hier reden kann.» Boff! Nur nicht rot werden! Na ja, ist ja sowieso dunkel hier draußen. Wahnsinn, was der für Augen hat! Jetzt legt er den Arm um mich und kommt ganz nah.
Mir wird heiß – besonders die Ohren! Dann kommt seine Zunge – soll ich auch? Oder lieber nicht?
Sowieso vorbei! Was denkt er jetzt von mir?
«Du brauchst keine Angst zu haben.» Nett sagt er das!
Jetzt noch mal. Ich auch. Komisch ist das. Was hat meine Mutter immer gesagt? «Ich finde küssen ganz furchtbar! Da stecken die Männer einem die Zunge in den Rachen, daß man gar keine Luft mehr kriegt!» Nee, Mama, so ist es nicht!

BÄRBEL MAIWURM

So eine

«Das könnt ihr ja schon ganz gut», hör ich meine Mutter sagen, als ich kurz nach neun nach Hause kam. Mein erster Freund und ich hatten vorher lange im Hausflur gestanden, uns angeschaut, gestreichelt, geredet. Beim Verabschieden gab er mir sogar einen Kuß auf die Wange.
«Das könnt ihr ja schon ganz gut.»
So eine Gemeinheit, was sie nur damit meint? Was hat sie gesehen, gehört? Ich bin nicht so eine, wie sie meint, schoß es mir durch den Kopf – und war traurig, daß sie *so was* von mir denkt, denn bis jetzt hatte ich mich immer gewehrt. Aber das glaubt sie mir ja nicht, fragt auch gar nicht. – Schuldgefühle steigen in mir hoch, obwohl ich weiß, daß ich nichts Unrechtes getan habe.
Der erste Kuß auf den Mund kam Monate später. Es war ein besonderer Tag, wir kannten uns ein Jahr. Ich war fünfzehn, er siebzehn. Abends, nach einer Tanzveranstaltung, brachte er mich nach Hause. – Ich mußte um 10 Uhr zu Hause sein, ganz hell war der Sommerhimmel, als wir durch einen kleinen Park gingen. Ich spürte seinen Arm um mich. Ich erinnere mich heute noch an das gestreifte Hemd, das

wir zusammen gekauft haben. – Unter der dünnen Baumwolle spürte meine Hand an seiner Hüfte Haut. Ein paar Meter weiter fuhr ich unter sein Hemd. Daß er mein Ohr faßte, meinen Kopf zur Seite drehte und mich küßte, kam mir wie selbstverständlich vor. – Jetzt war es passiert! Ab jetzt war alles egal. – Wir küßten und umarmten uns pausenlos, wollten alles Versäumte nachholen, alle Schuldgefühle wegsaugen, herunterschlucken, ausspucken. Der nächste Tag war ein einziger Kuß.

WILLI
Nur ein Blues

Ich spürte beim Tanzen
die Nähe eines anderen Menschen,
eines Menschen, den ich gern mochte.

Ich fühlte, wie dieser Mensch in meinen Armen lag,
glaubte, ich strahlte Macht aus,
Anziehungskraft vielleicht.

Ich bemühte mich, unverfänglich zu wirken,
mein Gefühl,
dies unbestimmte Gefühl,
nicht erraten, nicht erkennen zu lassen,
denn ich war mir nicht sicher.

Ich fragte mich, ob es ihr recht sei,
wenn ich diese Macht,
die ich nicht zu bestimmen wußte, ausnutzen würde.

Mein Glaube schwand, verflog
wie ein blaues Wölkchen,
das vor seinem ersten Regen zögert,
zu lange zögert
und vom Wind fortgetragen wird.

„Ich hab dich auf den Mund
geküsst"

Die nächste Drehung, ich ließ locker,
ließ den meßbaren Abstand
zwischen zwei Herzen wachsen,
um zu prüfen,
ob sie sich näher kamen.

Ich hoffte darauf,
eine Bestätigung zu erfahren,
zu erfahren, daß
ich etwas wert war,
etwas, das über die Freundschaft hinausgeht.

Ich wartete, weiß bis heute nicht,
ob ich nicht vergeblich wartete.
Ich merkte nur,
daß sie die so gestellte Frage nicht
beantworten wollte, konnte –
befürchtete, frustriert zu werden,
und kam ihr näher –
entfernungsmäßig.

BORIS TRENZ

Völlig losgelöst

Andrea fragte Alex und mich, ob sie zwischen uns liegen könnte. Als wir dann im Bett lagen, schauten wir uns lange in die Augen, und mir tat das gut. Es überraschte mich, daß sie das konnte, denn so viele andere Mädchen hielten das nicht aus. Sie meinte dann: «Fehlt nur noch, daß wir Händchen halten.» Ich nahm ihre Hand.
So fing es an. Für zwei Tage, denn dann waren die Ferien zu Ende. Andrea hat mir unwahrscheinlich gut gefallen und auch imponiert. Aber nicht, weil sie so intelligent war wie Wiltrud, sondern weil sie so natürlich und spontan war. Ganz im Gegensatz zu den anderen Mädchen, mit denen ich auf der letzten Fete im Knutschhäuschen war. Wir haben uns auf den Feten immer Knutschhäuschen gebaut, indem

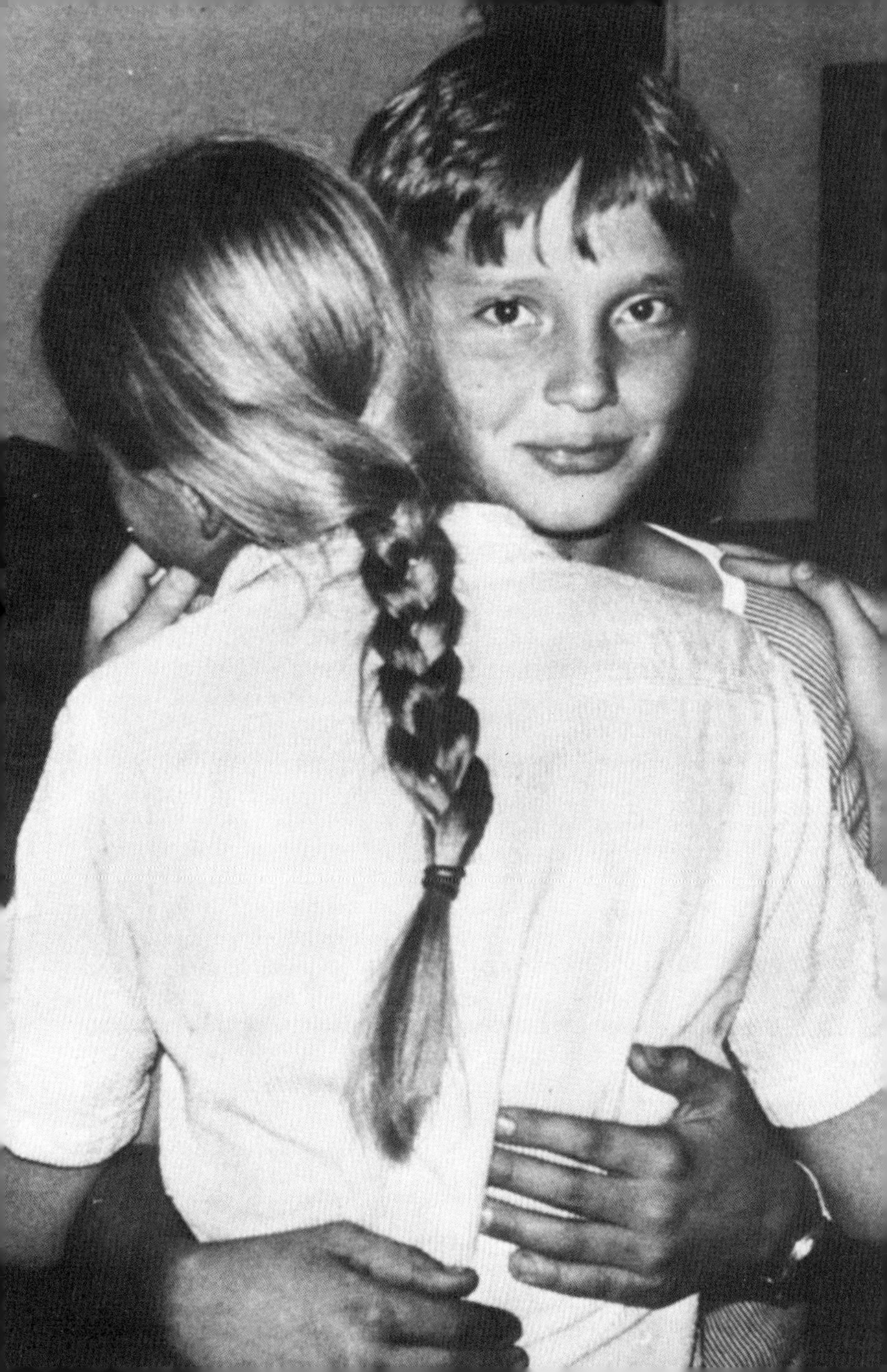

wir eine Tischtennisplatte an die Wand gelehnt haben. Für eine Plattenlänge hielt sich ein Pärchen darin auf. Wenn die Musik zu Ende war, ging einer oder eine raus, und wer übriggeblieben war, wählte sich eine neue Partnerin oder einen neuen Partner.

Andrea konnte auch Zärtlichkeit geben, nicht nur nehmen. Wie sie meine Hand streichelte, mich auf Mund, Nase und Augenlider küßte, wie gefühlvoll sie das tat, faszinierte mich. Und sie steckte mich an mit ihrer Art, ganz einfach und ungezwungen Spaß an Zärtlichkeiten zu haben.

Dann haben wir uns in die Augen gesehen, haben uns angelächelt und mußten plötzlich wie wahnsinnig lachen.

Wir waren nicht ineinander verliebt. Ich wußte, sie hat einen Freund in Köln, der viel älter war als ich, und daß sie nach den Ferien wieder mit ihm zusammensein würde. Mich störte das alles nicht. Es war so schön, wie es war. Wir haben an die Gegenwart gedacht und nicht an die Zukunft. Wir haben viel Blödsinn gemacht, wilde Hetzjagden durch die Jugendherberge veranstaltet, wenn ich ihr die Zigaretten weggenommen habe, weil ich damals überzeugter Nichtraucher war. Ich fand das auch toll, daß sie mit uns Jungen Fußball gespielt hat. Da haben wir uns immer gegenseitig gefoult und anschließend durchgekitzelt, bis die anderen uns anbrüllten, wir sollen endlich weiterspielen.

Wenn wir wieder in der Jugendherberge waren, lagen wir stundenlang in irgendwelchen Betten und haben geschmust, gelacht, uns gegenseitig lieb beschimpft und uns unterhalten oder auch viel Quatsch erzählt.

Trotz der kurzen Zeit waren wir ein richtig eingespieltes Paar. Mir steckte immer noch eine Erfahrung in den Knochen: Ich hatte vor den Ferien meine erste feste Freundin. Mit ihr war alles ganz anders. Wenn ich mit ihr schmusen wollte, hatte ich immer Angst, etwas zu tun, was sie nicht wollte. Ich war enttäuscht, daß ich ihren Busen nicht streicheln durfte, habe aber nie mit ihr darüber sprechen können. Wenn ich zärtlich zu ihr war, reagierte sie mit Kälte, drehte sich um oder ging ganz weg. Ich hatte das Gefühl, sie glaubte, ich wollte etwas von ihr erzwingen. Ich habe nie daran gedacht, etwas zu tun, was sie nicht wollte, und fühlte mich voll verkannt.

Bei Andrea war das alles anders. Sie sagte mir, was ihr nicht gefiel, aber auch, was sie schön fand. Meine Angst war wie weggeblasen.

MICHAEL
Langsam zum Ziel

Ich wußte schon lange, daß ich schwul bin, aber so richtig nach meinen Gefühlen und Lüsten leben kann ich erst seit kurzer Zeit. Seitdem ich mich und meinen Körper, meine Gedanken und Gefühle voll akzeptiere.

Ich merke das daran, daß ich mich mit Leuten über mich unterhalten kann ohne die Sperre im Kopf, die mir immer wieder sagte: «Halt! Bloß niemanden etwas ahnen lassen.» Das heißt aber nicht, daß ich die Angst davor ganz verloren habe. Meine Eltern wissen das bis heute noch nicht.

Nachdem ich zu meinen Gefühlen stehen konnte, fingen viele Probleme erst an: wo finde ich Leute, die so sind wie ich? Ich bin in die Kneipen gegangen, denen man nachsagt, daß sich hier die Homoszene trifft. Bevor ich dahin gehen konnte, hatte ich einen langen Leidensweg hinter mir.

Es war ein langer innerer Kampf, bis ich endlich herausfand, was für mich richtig und wichtig ist, ohne dabei an die Vorurteile der anderen zu denken, nur auf meine Gefühle zu achten.

Vor meinem ersten Kneipenbesuch bin ich noch in etliche Boutiquen gegangen, um für den Abend etwas Passendes zum Anziehen zu finden, denn man zeigt sich dort nur modern gekleidet! Der ganze Körper muß vorher tipptopp gepflegt sein, man wäscht sich, feilt sich die Nägel, wirft sich in Schale und umgibt sich zum guten Schluß noch mit einer Wolke exklusiven Parfums. Als ich dann vor der Kneipe stand, rutschte mir mein Herz in die Hose. Soll ich den Schritt durch die Tür wagen oder lieber umkehren? Nach kurzem Zögern ging ich doch. Mit elegantem Schritt und kühlem Blick in den Augen bin ich dann zur Bar geschritten. Dort angekommen, setzte ich mich auf einen Hocker. Ich mußte meine Nerven erst mal wieder unter Kontrolle bringen. Die Männer wirkten auf mich sicherer, als ich es war. Sie gingen routiniert miteinander um, bewegten sich selbstverständlich auf der Tanzfläche oder saßen an den kleinen Tischchen.

An ihren Blicken konnte ich erkennen, daß viele von ihnen auf Partnersuche waren. Ich wurde schon beim Hereinkommen kritisch abgeschätzt. Einige standen in kleinen Grüppchen zusammen und unterhielten sich über Mode und Kosmetik oder über ihre letzten Erfolge im Bett.

Ich setzte mich allein an einen kleinen Tisch, trank etwas und sah den anderen beim Tanzen zu. Nach einiger Zeit mußte ich aufs Klo. Es war nicht leicht, mir einen Weg durch die Menge zu bahnen. Es war immer wie ein Stich, wenn mich abschätzende Blicke trafen. Als ich wieder vom Klo kam und der Tür einen eleganten Schubs gab, knallte sie meinem Gegenüber, das auf der anderen Seite der Tür stand, voll gegen den Kopf. Er lehnte sich ganz benommen gegen eine Wand, um sich von dem Schlag zu erholen. Ich war gerade mitten in meinen Entschuldigungen, als er mich nach dem Weg zur Disco Pimpernel fragte. Ich wußte zwar, wo sie ist, wie man da hinkommt, konnte ich ihm aber nicht richtig erklären. Als er fragte: «Kommst du mit und zeigst mir den Weg?» war ich überglücklich und sagte zu. Endlich hatte mich jemand angesprochen. Ich von mir aus hätte den ersten Schritt nicht gewagt. Als wir nach einigen Handicaps angekommen waren, begannen wir wie selbstverständlich zu schmusen. Es ging den ganzen Abend so weiter. Ich war angenehm überrascht, als er plötzlich fragte, ob ich mit ihm schlafen möchte.

Ich willigte sofort ein wenig verwirrt ein. Wir fuhren in ein Hotel und mieteten auf seine Kosten ein Zimmer. Als wir endlich alleine waren, hielt ich ihn lange fest in meinen Armen. Meine Gefühle explodierten wie ein Feuerwerk und schillerten in tausend Farben. Ich glaube, ich war verliebt und wollte die ganze Welt umarmen. (Kitsch – egal!)

Wir sehen uns heute noch fast jedes Wochenende. Dirk war mein erster Freund, und ich dachte am Anfang an die große Liebe. Diese Hoffnung verflog aber bald.

Es ist schwer, jemanden zu finden, der zu einem hält und einen liebt, der fähig ist, seine Gefühle zu zeigen und auch dahintersteht, jemanden, der keine Schau abzieht, jemanden, der meine Gefühle annehmen kann, ohne mich als Tunte abzustempeln.

Jungen mal schnell fürs Bett zu finden ist nicht schwer, aber das ist leider auch alles.

Ich glaube, wenn das so weitergeht, gehe ich kaputt. Immer nur Sex, immer dem anderen etwas vorspielen halte ich nicht aus. Ich brauche mehr, ich brauche Liebe.

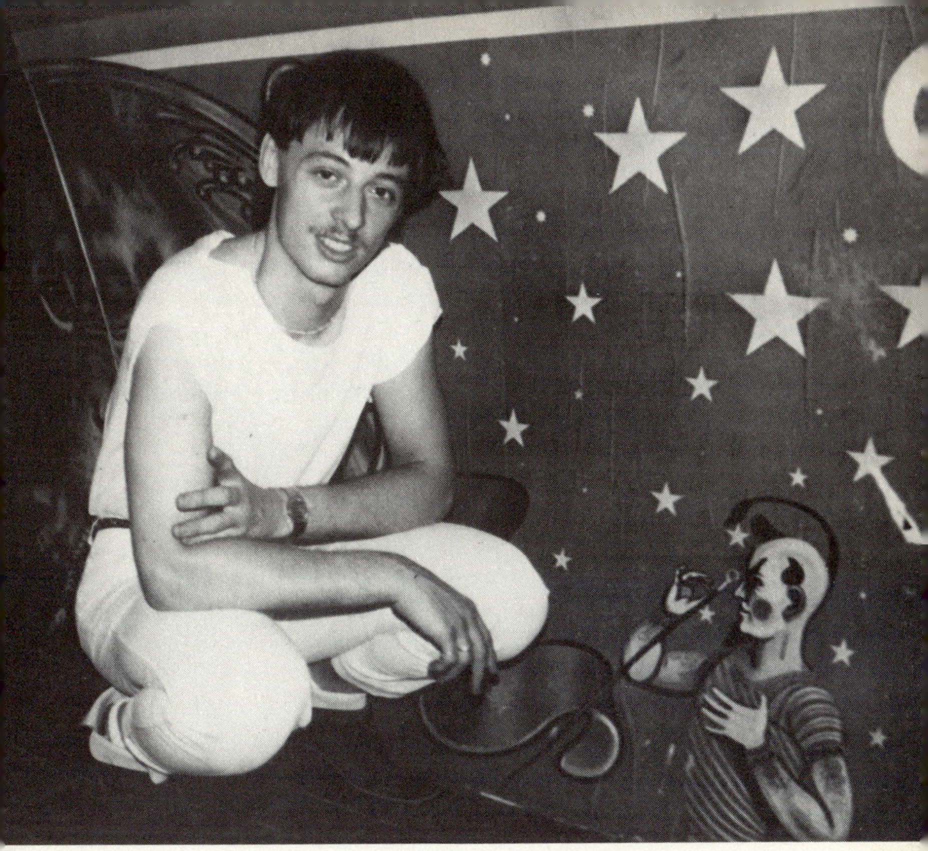

DANY NIKOLAY

Unbeschreiblich weiblich

Ich hatte am 25. September Geburtstag, aber ich hatte sämtliche Leute für den 24. eingeladen. Ich wollte in den achtzehnten Geburtstag hineinfeiern. Die Gelegenheit war relativ günstig, denn meine Eltern waren im Urlaub.
Als erste kamen Andrea und Claudia. Ich bin dann mit ihnen in den Keller hinuntergegangen, um die Fahrräder einzuschließen. Als ich unten war, überreichte Claudia mir einen riesigen Strauß selbstge-

pflückter Blumen! Ich freute mich riesig und umarmte sie. Auf einmal – huch – was war das? Ein wahnsinniges Gefühl überkam mich, als wir uns so umarmten! Ich habe schon viele Leute umarmt, aber so ein Gefühl hatte ich noch nie. Ich fühlte die Weichheit ihres Körpers durch die dicke Jacke. Ab da stand ich wie unter Hypnose. Längere Zeit schon waren wir auf irgendeine Weise immer zusammen und suchten unsere Nähe. Aber es war absolut merkwürdig, denn ich dachte, sie stände auf Jungen, und Claudia dachte, daß ich eine Freundin hätte. An diesem Abend war alles weg, es wurde nicht mehr gedacht, nur noch nach Gefühl gehandelt. Es war wie ein plätschernder Bach, der uns reinriß und zu einem Wildwasser wurde. Wir suchten den ganzen Abend unsere Nähe, und keiner von uns war so richtig klar, was da eigentlich passierte.

Eigentlich ging es erst nach 24 Uhr los. Wir wollten alle zusammen Schnitzeljagd spielen, aber aus irgendeinem Grund verzögerte sich die ganze Sache. Ich saß auf meinem Bett und bediente den Plattenspieler. Nach einigem Zögern kam Claudia auch aufs Bett und setzte sich hinter mich. Die anderen konnten uns nicht sehen, weil zwischen Bett und dem Rest des Zimmers ein Regal steht. Claudia begann ganz langsam und schüchtern meinen Rücken zu streicheln. Zuerst war ich total verwundert, aber dann ließ ich es mir gerne gefallen. Ich rückte etwas näher und begann, auch sie zu streicheln.

Ich weiß nicht, wie wir gelegen haben, aber es muß sehr einladend ausgesehen haben. Plötzlich waren sämtliche Leute auf meinem Bett. Ich kündigte den Rückzug an und ging aufs Klo. Claudia bat mich, wiederzukommen, und ließ verlauten, mir einen Platz freizuhalten.

Ich ging nicht mehr zurück, denn das Bett war total überfüllt. Ich setzte mich allein woandershin und versuchte mal endlich einen klaren Gedanken zu fassen. In mir drehte sich alles. Claudia wußte doch, daß ich lesbisch war. Warum machte sie das? Irgendwie fand ich es aber doch ganz witzig und beschloß für mich, das Ganze mal auf mich zukommen zu lassen. Durch den vielen Sekt hatte ich einen ganz schönen Schwips, aber ich fühlte mich großartig.

Die Schnitzeljagd sollte endlich losgehen, und die Gruppen sollten ausgelost werden. Claudia und ich kamen in die gleiche Gruppe (dem Glück habe ich etwas nachgeholfen, wenn man so sagen will, habe ich gepfuscht). Die Räuber machten sich auf den Weg, und wir sollten etwa 10 Minuten warten. Claudia fragte mich, ob ich nicht ein Paar

Turnschuhe für sie hätte, denn sie hatte nur Klotschen dabei. Ich gab ihr welche, und irgendwie saßen wir vor dem Schuhschrank und fingen ganz zaghaft an, uns zu streicheln. Ganz langsam, schüchtern, neugierig und ängstlich. Wir vergruben unsere Köpfe ineinander, damit wir uns bloß nicht ansehen mußten. Wir redeten dabei über irgend etwas, nur nicht darüber, was wir da machten. Wir saßen da so ungefähr eine Viertelstunde, und dann sind wir direkt, ohne groß zu guk-ken, raus zur Schnitzeljagd gelaufen.

Als wir draußen an der Luft waren, legte ich meinen Arm um Claudias Schulter, und sie faßte ganz ruhig um meine Hüfte. Wir lachten und erzählten eine ganze Menge, während die anderen fleißig Schnitzeljagd spielten.

Mir wurde das Ganze dann aber doch zu merkwürdig, und ich fragte sie, ob sie denn keine Angst vor mir hätte. Sie fragte zurück, warum sie denn Angst haben sollte, und ich sagte ihr, daß sie doch wüßte, daß ich lesbisch sei (damals hatten tatsächlich ein paar Mädchen Angst vor mir, weil sie dachten, Lesben machen alle Frauen an! Ich glaube, sie

sahen mich als so eine Art Triebtäter an!). Sie sagte nein, und damit war die Sache fürs erste erledigt.
Wir wußten beide nicht, was da noch kommen würde, und keine wagte weiterzudenken. Wenn wir überlegt hätten, wäre es bestimmt zu nichts gekommen. Wir ließen uns einfach vom Gefühl führen. Für mich war das eine völlig neue Sache, denn bis dahin hab ich alles mit dem Kopf gemacht, und nun setzte jeglicher Verstand aus!
Die Schnitzeljagd war voll im Gange, nur Claudia und ich krochen hinterher. Das ganze Spiel interessierte uns herzlich wenig, wir waren viel zu sehr mit uns selber beschäftigt.
Später in der Küche redeten wir ein wenig, und ich sagte ihr, daß ich Angst hätte. Angst davor, daß sie es bereuen würde. Ich wollte auf keinen Fall, daß sie etwas tut, wozu sie nicht steht! Sie sagte nur, sie wüßte, was sie täte, und wenn sie etwas nicht wolle, würde sie mir das schon sagen!
Später legten sich alle auf irgendwelche Matratzen und pennten, und Claudia pflanzte sich neben mich. In dem Augenblick, wo das Licht ausgemacht wurde, atmeten wir auf. Es war dunkel, und niemand konnte uns beobachten! Endlich ein Stück Freiheit! Wieder begannen wir uns zu streicheln und zu küssen. Alles ganz vorsichtig und langsam. Keine wollte die andere auf irgendeine Art erschrecken!
Ich dachte, ich müßte die erfahrene Lesbe spielen, und tat so, als hätte ich dick Ahnung von Streicheln, Küssen und sonstigen zärtlichen Sachen! Claudia kam mir zuvor und überfiel mich mit einer Zärtlichkeit, die mich umhaute! So eine Wärme und Zärtlichkeit hatte ich in meinem Leben noch nie bekommen. Von zwei Uhr nachts bis morgens um sieben streichelten wir uns. Beide hatten wir Angst vor dem Morgen! Richtige Panik hatten wir, und wir wünschten uns nichts sehnlicher, als die Zeit anzuhalten!
Ich war es irgendwie gewohnt, von den Leuten, für die ich mehr empfand, abgelehnt zu werden. Aber diesmal schien mir die Sache näherzugehen als gut war. Sie wußte auch nicht, was eigentlich in ihr los war! Ich fragte sie, warum sie das denn alles gemacht hätte, wenn sie das nicht wüßte. Sie meinte darauf: «Mensch, ich hab dich doch lieb, verstehst du das denn nicht?» Ich verstand schon, nur damit gerechnet hatte ich nicht!
Sie schlief ein, und ich döste ein wenig rum. Die Nacht war zu Ende!
Das war eigentlich alles, was ich erzählen wollte. Aus diesem Gefühl,

das Claudia und ich nicht packen konnten, ist Liebe geworden. Sie ist wie diese Nacht ganz langsam und zögernd entstanden, aber dafür ist sie stark! Seit fast neun Monaten gehen wir einen Weg zusammen, der verdammt schwer – aber auch unheimlich schön ist!

JÜRGEN ERBE
ein engel

gestern nacht stieg vom Olymp
ein engel herab
er war die ganze nacht bei mir
drum fühl ich mich heut morgen so schlapp

bei sonnenaufgang flog er davon
er hatte mich wirklich sehr geschlaucht
ich habe mich sehr darüber gefreut
das ist was, was man mal braucht

ich hoffe, es steigt bald wieder vom Olymp
ein engel herab
und bleibt dann die ganze nacht bei mir
ich fühl mich dann morgens so richtig schön schlapp

SONJA
Hammerschläge

Frigide. «Du kriegst sowieso 'nen Fotzenkrampf.»
Knochig, dünn, keine Zeichen von breiten Hüften, schmaler Taille, weichem Busen und wohlgeformten Oberschenkeln. Bügelbrett.

«Auf (!) dir macht *es* sowieso keinen Spaß.» –
Vielen Dank!
Diese ständige Angst. – Kurze Filmszene: Blasse, wohlgeformte Frauen, dunkle, kernige Männer, schwitzende Männer, die trotzdem gut aussehen.
«Beim erstenmal tut es weh, aber danach macht es kaum noch was aus ...»
So ist das, ach so!
«Nein, du mußt dich gehenlassen, auf keinen Fall darfst du dich verkrampfen ... also für *mich* ist das schöner als Weihnachten und Mallorca zusammen.»
Panik, unfähig zu sein, unfähig zu sein, so zu fühlen. Druck, es endlich hinter mich zu bringen. Streitereien um jedes Kleidungsstück, das er mir ausziehen will. Klar versteht er mich, aber trotzdem ... – und dann bin ich einfach abgehauen.

Deine Hände sind schön, stundenlang kann ich deine Hände ansehen. Ich wünsche mir, daß du meine Hände in deine legst. Eine Kitschfilmszene, ja, und?
Ich möchte dich ganz doll festhalten, und ich möchte, daß du meine Tränen wegküßt. Ich habe Angst, daß deine Hände zu schnell sind, habe Angst vor dem routinierten Hoseaufknöpfen. Bist du auch so, daß du denkst, alle Frauen werden bei dir nicht schwanger? Setzt du auch bei allen Frauen die Pille voraus?
Bitte, bitte sei nicht so!
Ich ärgere mich, bin wütend auf mich, auf euch! Warum bitte ich darum? Warum setze ich nicht voraus, daß du nicht so bist!
Als es schellt, als du die Treppe hochkommst und verlegen eine Feder hinter deinem Rücken versteckst, ist meine Wut verflogen. Ich weiß plötzlich, daß deine Hände nicht schnell sind, daß du nackt nicht aufdringlich ausgezogen auf mich wirkst. Ich weiß, daß du mir nicht weh tust.
Und du redest viel, und dein Mund ist schön und ehrlich. So ehrlich, daß ich anfange ihn zu küssen, dich zu küssen, und der Weg durch den Flur ist dunkel und verliebt.
Unter deinen Händen schrecke ich nicht zusammen, das Licht kann anbleiben, es gibt kein peinlich routiniertes Hoseaufknöpfen, ich ziehe meine Hose selber aus, und als du mein Hemd aufknöpfst, ist es

nicht verkrampft und ungeschickt, und ich liebe deine ruhigen, dunklen Hände ...

Deine und meine Bewegungen sind aufeinander abgestimmt, und doch ist alles so wunderbar neu, nicht peinlich neu. Es gibt eine Vertrautheit, wie sie sonst nur zwischen dicken Freundinnen existiert.

Ich spüre keinen Schmerz, ich wußte, daß du mir nicht weh tust. Daß du nicht gefragt hast, daß du nicht an die Frage mit der Pille gedacht hast, verzeihe ich dir, blind vor Liebe. Unsere Hände greifen ineinander, wir haben uns gegenseitig besiegt, und ganz laut singt Gianna Nannini. Dein Kopf liegt in meinem Schoß, und ich spüre deine Haare, liebe deine Haare.

Als ich uns beiden eine Zigarette angezündet habe, fragen wir beide gleichzeitig: «Findest du's auch schön?», und ich liebe dein Lachen, und du küßt meine Tränen weg, malst mir Worte auf meinen Rücken, draußen schneit es, und die Sonne scheint.

Gespräch mit Sebastian

«Am Wochenende hab ich 'ne tolle Nummer gemacht. Zwei Weiber auf einmal! Die waren derartig scharf auf mich, sag ich dir! Die konnten gar nicht genug kriegen!»

«Ich hab's fünfmal hintereinander gebracht.»

«Deine Alte ist ja auch ein irres Geschoß!»

«Hast *du* überhaupt schon mal?»

Ich stand da und hoffte, daß keiner meine roten Ohren bemerkt. «Ähem ... klar!» stotterte es aus mir heraus. Später sah ich zwei aus der 6. Klasse. Der Junge kommt angerast, schmeißt sich auf das Mädchen und stöhnt laut: «Jetzt kommt's mir!»

Als ich mit meiner Freundin das erste Mal geschlafen hab, hab ich mich enorm ins Zeug geschmissen, so wie ich es mir vorgestellt habe, daß es *richtig* ist. So wie *man* es tut. Ich hab auch immer einen Orgasmus dabei gekriegt, wie beim Wichsen. Zur Verhütung hab ich mir natürlich keine Gedanken gemacht. Mir war klar: Ich bin der Verführer. Wenn zwei zusammen schlafen, muß der Mann der Aktive sein.

Ein Klasse-Weib heisst EVA

Ich hatte ja keine Erfahrung. Es sagt einem ja auch keiner was anderes!

Im Bett mit meiner Freundin habe ich gemerkt, daß mir von ihr keine Regung entgegenkam. Ich hab danach immer gefragt: «Hat's dir Spaß gemacht?» – Blöde Frage!

Ich wußte, es hat ihr bestimmt keinen Spaß gemacht! Mist, dachte ich mir, was haste falsch gemacht?

Irgendwann hat meine Freundin dann zu mir gesagt: «So mach ich das nicht mehr. Wir müssen uns da erst mal drüber unterhalten.»

Ich war natürlich geschockt, entsetzt und beleidigt. Dann hab ich mir überlegt: Macht es mir eigentlich so richtig Spaß? Ich konnte die Frage nicht klar mit Ja beantworten. Ich habe gemerkt, daß es für mich auch gar nicht so toll war, wenn ich so losgelegt habe.

War ich zu schnell, zu stürmisch, habe ich zuwenig Rücksicht genommen? Wenn meine Freundin mir da nicht geholfen hätte, wäre ich alleine nicht darauf gekommen.

Mein Kopf und meine Gefühle waren wie vernagelt. Der Bogart oder der Delon, ganz cool haben die die Frauen angemacht. So probier ich's auch mal, dachte ich. Schnappste dir 'ne Zigarette, trinkst vorher noch was Ordentliches, damit du schön in Schwung kommst, und gehst ganz locker zu ihr. Im Videoporno, den ich mal gesehen hab, ist das so: der Mann hüppt wie ein Bekloppter auf der Frau rum, die Frau liegt drunter und verdreht die Augen, stöhnt und bewegt sich wie wild. Hinterher rauchen beide eine Zigarette. Alles ist großartig.

Ich glaube, eine ganze Menge Jugendliche haben so was schon mal gelesen oder gesehen, bevor sie das erste Mal mit jemandem schlafen. Reinkommen, ausziehen, dann geht's los. Das sind Erfolgsrezepte! Du denkst, damit kommst du an.

Als ich das erste Mal mit Ute geschlafen habe, ging mir schon auf, daß da was faul ist. Später haben wir zusammen rausgekriegt, was miteinander schlafen und zärtlich sein für einen Spaß macht, wenn es beiden Spaß macht. Wenn du nicht darüber sprechen kannst, brauchst du sehr lange, um festzustellen, was los ist. Wenn du mit dem Mädchen nichts anfangen kannst und nur den Macker markieren willst, dann merkst du es nie.

Gespräch mit Michael Kellner

An die Königin von Holland
Liebe Königin!
Meine Freundin Brigitte ist mit ihren Eltern nach Holland gezogen, und ich weiß nicht, wo sie wohnt. Ich habe sie sehr gerne und möchte sie wiedersehen. Bitte helfen Sie mir! Schicken Sie mir ihre Adresse!
Ihr Michael

Das war mein erster großer Liebeskummer. Meine Eltern haben mich damals nur ausgelacht, als ich sie gebeten habe, den Brief zur Post zu bringen. Meine Gefühle wurden von ihnen nicht ernst genommen. Damals, als ich zehn war, nicht und eigentlich bis heute nicht, und heute bin ich vierzig.
Über Gefühle und Sexualität wurde bei uns zu Hause nie gesprochen. Ich kann mich an meine ersten körperlichen Erfahrungen noch genau erinnern. Ich war noch ein Kind. Wir Jungen haben im Garten gespielt, und auf einmal kam einer auf die Idee «Wir pinkeln uns gegenseitig an!» Wir hatten einen Riesenspaß dabei. Als das herauskam, hat mich meine Mutter windelweich gehauen. Ich durfte auch von da an nicht mehr mit den Jungen spielen. Körperlichkeit war verboten und mit Angst verbunden.
Mein größtes Interesse war damals, herauszufinden, wie ein Mädchen nackt aussieht. Ich hatte noch nie ein Foto gesehen. Illustrierte, wie man sie heute in jedem Kiosk sieht, gab es damals noch nicht.
Als mit vierzehn meine Schwester einen Busen bekam, haben mein Bruder und ich angefangen, sie zu veräppeln. Ich bin einmal zu ihr gelaufen und habe gesagt: «Komm, zeig mal deinen Busen» und habe den Pullover da berührt, wo *er* sein mußte. Sie hat das meinen Eltern erzählt. Ich flog direkt übers Knie und wurde durchgehauen. Daß ich meine Mutter nie nackt gesehen habe, versteht sich von selbst. Selbst beim Stillen hat sie die Tür abgeschlossen. Als sie einmal merkte, daß ich einen Blick in das Zimmer gewagt habe, war der Teufel los. Ein Wunder, daß ihr nicht vor Wut und Scham der Säugling aus der Hand gefallen ist.
Sie hat geschrien und die Tür zugeknallt. Ich hatte die Brust meiner

Mutter im Schatten so komisch gesehen, daß ich von da an dachte, Frauen hätten den ganzen Busen voller Haare, noch mehr als Männer. Erst Jahre später habe ich gemerkt, daß das nicht stimmt.
Ich war nicht aufgeklärt. Ich dachte immer, die Kinder kommen aus dem Bauchnabel. Meine Mutter hat einmal auf einem Spaziergang ganz feierlich versucht, mich aufzuklären, aber mehr als über das Treiben von Bienen und Enten habe ich von ihr nicht erfahren.
Wir waren beim Beerenpflücken, meine Spielfreundin war dabei. Ich höre heute noch, wie meine Mutter rief: «Michael, wo bist du?» Mir fuhr ein Schock durch die Glieder. Meine Freundin wollte gerne wissen, wie ich *da unten* aussehe. Ich habe mich ausgezogen, und sie hat mich berührt. Ich hatte dabei panische Angst. Der Ruf meiner Mutter hat mir so einen Schock versetzt, daß ich ab da gar nichts mehr wagte. Meine Freundin und ich haben uns darauf samstags vor der Beichte getroffen und uns mit viel Eifer ausgemalt, was wir dem Priester erzählen wollten. Unsere zärtlichen Spiele waren aber damit vorbei.
Ich war natürlich immer noch heißhungrig, zu erfahren, wie eine Frau aussieht, gerade jetzt, wo ich schon einmal fast am Ziel war. Wir wollten damals tausend Sachen machen. Unsere Gedanken waren voll Phantasie und Experimentierfreude.

Ein Mitschüler hatte eine Schwester. Mit ihr hätte ich am liebsten die tollsten sexuellen Spielereien gemacht. Die Phantasie brodelte unheimlich. Ich erinnere mich noch, einmal war sie in der Nähe. Wir Jungen lagen nebeneinander und ließen alle drei den Pimmel hochgehen. Wir hatten einen großen Spaß daran, die Schwester zu provozieren. Sobald sie aber in die Nähe kam, hatten wir Schiß und haben uns verkrochen. Beim Beichten galt schon die Phantasie, schon der Gedanke an so etwas, als Sünde. Bei uns lief es dann so ab: wir versuchten alles und gingen dann wieder beichten, machten noch mal ein bißchen und gingen wieder beichten. Der Weg, das ganze Gebiet der Zärtlichkeit und Sexualität zu durchforschen, wurde immer schmaler. Das höchste der Gefühle war, einer Frau beim Kirschenpflücken unter den Rock zu sehen, wenn sie oben auf der Leiter stand.

Viel später, ich war fast erwachsen, kam für mich noch mal eine typische Situation. Wir hatten Besuch von einer Französin. Wir standen zusammen vor unserem Klo, das ständig besetzt war. Sie nutzte den

Augenblick aus, um mich zu küssen. Ich war erschüttert und verwirrt. Ich hätte sie am liebsten in der Nacht in ihrem Zimmer getroffen und malte mir aus, über sie herzufallen.

Natürlich passierte nichts. Am nächsten Tag tat ich, als wäre nichts gewesen. Meine wilden Träume versuchte ich ganz schnell zu vergessen.

Über allem schwebte die Angst vor Strafe. Wenn wir etwas wagten, machte die Angst unsere Freude und Lust wieder kaputt. Oft habe ich die Angst selbst als Schutz übernommen. Ich habe dann zu mir gesagt: Das ist auch alles gut so. Wir müssen alle sauber und rein bleiben, dann kommen wir in den Himmel.

Wenn du enthaltsam lebtest, warst du auch überall gut angesehen. So wurdest du dafür belohnt. Du hattest einen guten Ruf. Da hat die Religion ihre Funktion erfüllt.

Meine neugierige Entwicklung wurde unterbrochen, als ich in ein Jungeninternat kam. Die Zeit mit Mädchen war nun total vorbei.

Auch viel später waren Frauen für mich immer noch etwas Wahnsinniges, weil ich an sie nicht herankam. Sie blieben geheimnisvoll. Heiße Liebschaften spielten sich nur in meiner Phantasie ab.

Ich hatte überhaupt keinen Kontakt zu anderen und keine Gefühle. Ich hatte auch keine Interessen, die nicht im religiösen Bereich lagen. Da war Generalpause auf der ganzen Linie.

Ich war eine durch und durch ängstliche Persönlichkeit.

Ich konnte nicht auf andere Leute zugehen, eigene Kontakte knüpfen. Ich bin glücklich darüber, daß ich heute sagen kann, *ich war* und nicht *ich bin*!

Frauen wurden von mir wie von einem Minnesänger im Mittelalter verehrt. Daß meine Eltern jemals zusammen geschlafen haben, war mir unvorstellbar. Ich konnte das nur ahnen, weil sie neun Kinder haben. Zärtlichkeit habe ich zu Hause nie gesehen oder erlebt. Als ich zum erstenmal mit einer Frau geschlafen habe, war das mit Anne, kurz vor der Hochzeit. Es war, als wenn ein Strudel ausbricht, als wenn du in die Erde haust und triffst genau eine Wasserleitung. Alles spritzt über.

Mir ging es in der Nacht sehr schlecht, und den ganzen Tag danach hatte ich so ein Bauchweh, daß ich nicht laufen konnte. Ich habe meine ganze Vergangenheit gespürt, alle meine Stockschläge.

Das ging eine ganze Zeit so. In den ersten zehn Ehejahren haben

Angst und Unwohlsein bei körperlichem Kontakt eine große Rolle gespielt.
Irgendwann riß der religiöse Faden, und ich fühlte mich wie unter Menschenfressern. Ich stand vor dem Nichts. Meine Rettung war eine Therapie.
Von da an ging bei mir ein Türchen nach dem anderen auf.
Ich war gezwungen, Gefühle zu erleben, habe meine Angst noch mal durchlebt, um weiterzukommen, weiterzuleben. So sind die Schleusen geöffnet worden. Ich war bereit, ein neues Gebiet zu erobern.
Anne und ich hatten uns stark aneinander geklammert. Vielleicht aus der Angst vor anderen Erfahrungen. Vor einem Jahr haben wir uns getrennt. Ich lebe mit meinen Kindern, sie sind dreizehn und vierzehn Jahre alt, zusammen. Jetzt mit vierzig habe ich das Gefühl, daß wir einen Teil der Erfahrungen nachholen, die wir früher nicht gemacht haben. Für mich ist das eine Befreiung. Durch die Kinder erlebe ich die Pubertät noch mal neu.
Wenn Martin früher mit der Hand an seinem Glied spielte, war das für mich schwer anzusehen, ich spürte eine starke Abwehr. «Wenn er das jetzt macht, dann sitzt er hinterher *nur* noch da und wichst.» Meine Gedanken waren im Kopf, aber noch nicht im Bauch als echtes Gefühl.
Ich erinnere mich auch noch an Doktorspiele zwischen Martin und Elisa. Als ich merkte, daß ich keine Angst mehr hatte, war das ein wahnsinnig schönes Gefühl. Sie haben auch oft in einem Bett geschlafen, und ich habe es genossen, daß sie frei miteinander umgehen konnten.
Ich bin jetzt gespannt, wenn Martin und Elisa sich zum erstenmal richtig verlieben. Da wird bei mir auch noch einiges in Bewegung kommen. Ich kann von meiner eigenen Nicht-Vergangenheit ein Stück nachholen. Ich habe immer Schritt für Schritt erlebt, wie die Kinder sich entwickeln, und jetzt erlebe ich weiter, wie die Kinder auf andere zugehen und damit natürlich auch aus dem Haus gehen. Es wird mir schwerfallen, wenn sie mal weggehen. Kann sein, daß ich auch weine, aber ich glaube, ich bin so weit, daß ich das aushalte.

Jane, ick Liebe Dir
AMAZONEN
STATT

INA DETER

Neue Männer braucht das Land

Ich sprüh's auf jede Häuserwand
«Ich such' den schönsten Mann im Land»,
ein' Zettel an das schwarze Brett
«Er muß nett sein, auch im Bett»,

kratze es in Birkenrinden,
«Wo kann ich was Liebes finden»,
schreib's in Gold auf die Altäre,
«Ich komme nicht mit der Schere»,

male es auf jede U-Bahn,
«Ruf mich unter 318 an»,
drucke mir Demo-Flugblätter,
mit dem Foto vom Erretter,

und verteile sie vor Karstadt,
«Hab' die Männer noch nicht ganz satt»,
setz' es fett in die BILD-Zeitung,
«E-MAN-ZE sucht 'ne Begleitung».

Ich sprüh's auf jede Wand,
«NEUE MÄNNER BRAUCHT DAS LAND»,
ich sprüh's auf jede Wand,
«NEUE MÄNNER BRAUCHT DAS LAND»

Laß's im Werbefernsehen laufen,
«Notfalls würd' ich einen kaufen»,
singe es von allen Bühnen,
«Große Chancen haben Hünen»,

trage es auf meinem T-Shirt,
«Schreibt mir wer, wo, was von wem hört»,
werd' 'ne Neonleuchtschrift machen,
«Wenn du so bist wie dein Lachen,

möchte ich dich wiedersehn,
mit dir schwimmen nach Athen,
sogar mit dir früh aufstehn,
sogar mit dir untergehn.»

Ich sprüh's auf jede Wand,
«NEUE MÄNNER BRAUCHT DAS LAND»,
ich sprüh's auf jede Wand,
«NEUE MÄNNER BRAUCHT DAS LAND»!

HANNS VON GUMPPENBERG, 1860
Liebesjubel

Ich ritz' es gern in alle Rüben ein,
ich stampf' es gern in jeden Pflasterstein,
ich biß es gern in jeden Apfel rot,
ich strich' es gern auf jedes Butterbrot,
auf Wand, Tisch, Boden, Fenster möcht' ich's schreiben:
Dein ist mein Herz und soll es ewig bleiben!

Ich schwör' es gern in jede Taxusheck',
graviert' es gern in jedes Eßbesteck,
ich sät' es gern als lecker grüne Saat
ins Gartenbeet mit Kohlkopf und Salat;
in alle Marzipane möcht' ich's drücken
und spicken gern in alle Hasenrücken
und zuckerzäh auf alle Torten treiben:
Dein ist mein Herz und soll es ewig bleiben.

JAN HARDT

Eine Ewigkeit / Ein Augenblick

Liebe Susi
Ich wollte dir etwas mitbringen,
Einen Stein,
den schönsten der Welt.
Eine Melodie,
die berauschendste der Welt.
Das Meer,
das stärkste der Welt.
Doch das einzige, das ich dir mitbringen kann,
nicht schön, nicht berauschend, nicht stark,
doch so ehrlich, wie es eben ist,
wenn man es in Worte zwängt, ist ein Gefühl.

SCHMETTERLINGE IM BAUCH

WOLFGANG NIEDECKEN / BAP

Vun mir uss Kitsch

Dat et sujet wirklich jitt – dat schwör ich dir
Hätt ich nie jedaach
Wemmer domet vüür paar Daach wer jekumme wöör
Dä hätt ich ussjelaach – sons nix

«Hühr op, do jehß zooft nohm Cinema»
Weil mir woor sonnenklar
Dat et dat nur em Kitschfilm jitt
Un sons nit

Frollein, gläuv et mir – ich drieh noch durch
Ich kenn mich selfs nit mieh
Ich hann der Zidder, wenn de vüür mir stehß
Abwechselnd kalt un heiß, wie wennmer fiebrig friert

Un dat ess mir bisher noch nie passiert
Benn janz schön irritiert
Eez noh un noh weet mir langsam kloor
He weet ne Draum jraad woor

Ich hann mich volles Rohr en dich verknallt
Na un, dann ess dat halt
Vun mir uss Kitsch – mich stührt dat nit
Weil, dat ess et nit

MARION BOLTE

Liebe – nein danke

Immer dieses Geschwätz von großer Liebe. Dauernd erzählen die auf dem Schulhof was von süßen Jungs, stehen vor dem Spiegel rum, begaffen sich, malen sich bunt wie die Clowns, bloß um die Aufmerksamkeit blöder Männchen zu erregen. Ständig diese Angst und Konkurrenz, nur ja einen dieser groben Klötze mitzukriegen – bloß nicht Mauerblümchen sein. Und überall steht's, eingekratzt auf jeder Bank, groß an jeder Tafel, «Jens liebt Inge, Carla liebt Hans-Heribert, Hinz liebt Kunz.» Und dann dieser dauernde Briefverkehr in der Klasse: wie auf dem Hauptpostamt. Und wozu ist das Ganze gut?
Ständig fummelt so ein Typ an einem rum, labert über Dinge, die einen überhaupt nicht interessieren, spielt den großen Macker. Mich interessieren diese Jungen nicht. Ich wüßte gar nicht, was ich mit denen anfangen sollte. Reicht schon, wenn so einer mir die Freundin

ausspannt, mit der ich sonst immer über alles geredet habe. Auch habe ich andere Interessen als diese *tollen Typen*.
Oder könnt ihr euch einen Jungen vorstellen, der es schön findet, lange spazierenzugehen oder Gedichte zu schreiben? Wenn's den allerdings gäbe ...

BIRGIT GÜLDEN / HEIKE HUPPERZ

Du machst dich groß – ich mach mich klein!

Liebe Birgit! 20.6.1981
Ich habe Liebeskummer wegen Dir.
Du gehst mir so oft aus dem Weg. Gerade jetzt, wo ich Dich so nötig brauche, läßt Du mich im Stich! Ich habe immer damit gekämpft, daß Du die Überlegene warst. Du warst diejenige, die unsere Freundschaft in der Hand hatte, die sagte, wo es langgeht. Jetzt verläßt Du mich! Ich häng so sehr an Dir! Ich hab mich richtig an Dich festgeklammert, weil ich Dich liebhabe und weil Du mir gezeigt hast, daß Du mich lieb *hattest*.
Ich wollte immer so sein wie Du!
Ich stand aber immer im Hintergrund. Wie schwer das für mich war, ist Dir wohl nie klargeworden! Du konntest immer mit meinen Gefühlen spielen. Ich hab immer zu Dir gehalten! Jetzt habe ich gemerkt, daß ich ganz anders bin als Du, daß ich ich bin, nicht so cool, lässig und schön wie Du. Aber wenn ich nachdenke, weiß ich, daß ich mir gefalle. Mich gibt's nur einmal! Jawohl!
Gestern hab ich gemerkt, daß Du nur versuchst, einen idealen Typen darzustellen, und daß Du total falsch spielst. Du wirkst so kalt! Es ist für mich nicht leicht, so über Dich zu schreiben. Aber ich glaube, es ist wichtig, daß ich mir darüber klar werde. Du hast mir manchmal weh getan! Weißt Du noch, auf der Fete? Du wußtest genau, was mir an Dirk liegt und daß ich mich nicht traue, was mit ihm anzufangen. Trotzdem hast Du Dich an ihn rangemacht. Als ich Dich fragte, ob Du mich auch mal mit ihm tanzen läßt, meintest Du nur: «Dann tanz doch, wenn Du es schaffst, zu ihm hinzugehen.» Du hast meine Angst gar nicht ernst genommen!

Als wenn das so einfach für mich wäre! Ich bin schüchtern und in Dirk verliebt! Du wußtest das und hast mir die Gelegenheit weggeschnappt. Du, die genau wußte, was ich fühle, denke, meine. Ich komm mir so kaputt vor. Alle haben jemanden, der sie liebt, bloß ich nicht!
Ich glaub, ich bin gut genug, um mir alle Probleme von anderen Leuten anzuhören, und mit meinen eigenen werde ich nicht fertig.
Ich will am liebsten gar nicht mehr leben, ich hab ja doch nichts davon! Du machst mir alles kaputt: meine Träume, meine Gefühle, meine Hoffnungen, meine Gedanken, meine Sehnsucht nach Liebe.
Du bist mir einfach zu selbstbewußt. Du machst Dich zu groß, und ich mach mich zu klein!
Darüber, daß Du mir auf meine Briefe nicht geantwortet hast, könnte ich mich schwarz ärgern!
Ich versuche Dir klarzumachen, was ich empfinde!
Eifersucht, Haß, Liebe, Angst.
Ich will nicht immer die Doofe sein!
Ich will Dir nicht weh tun, aber ich will klarmachen, was ich denke!
Ich kann nicht mehr! Wie oft hab ich das schon geschrieben.
O Mann, versteh mich doch!
Heike

Liebe Birgit! 28. 6. 1981
Bitte sage mir, was Du an mir doof findest und warum Du nicht mehr mit mir redest. Ich hab das Gefühl, Du kannst Andrea im Moment besser leiden.
Wo bin ich im Moment bei Dir dran?
Es ist wichtig für mich.
Heike

PS: Obwohl Du mir im Moment weh tust, hab ich Dich sehr lieb!

Liebe Heike, 30. 6. 1981
ich kann gar keinen klaren Gedanken fassen. Ich liege im Bett und heule, heule die ganze Zeit über das, was in Deinem Brief steht.

Glaub mir, damit hast Du mir sehr weh getan, aber vielleicht ist es ja das, was Du erreichen wolltest, um mir alles wiederzugeben.
Ich erinnere mich an all die Jahre, in denen wir uns so gut verstanden haben, alles sagten, was wir fühlten und dachten. Alles Schöne miteinander erlebten.
Ich habe auch gemerkt, daß Du nicht mehr die Heike von früher bist, nicht mehr die, die ich einmal kannte: lieb, verständnisvoll, hilfsbereit. Ich habe gemerkt, wie Du anfingst, mich zu beobachten und Dich von mir zu entfernen.
Die Fehler, die ich gemacht habe, wurden mir viel klarer, als ich Deinen Brief gelesen habe. Ich würde jetzt gerne mit Dir reden. Das meine ich wirklich ernst. Ich merke, wie sehr ich an Dir hänge und Dich brauche. Aber vielleicht ist ja alles schon zu spät, um Dir das zu sagen. Wie lange haben wir schon nicht mehr richtig miteinander geredet? Wir waren jede freie Minute zusammen. Wann gab es mal Tage, an denen ich nicht bei Dir war? Es gab manchmal auch Tage, an denen wir gar nicht wußten, was wir reden sollten. So weit war es manchmal schon gekommen. Ich hatte einen Freund und Du nicht. Wenn ich Dir von mir erzählt habe, hatte ich manchmal das Gefühl, daß Du mir überhaupt nicht mehr richtig zuhörst und daß ich Dich gelangweilt habe mit den Sachen, die mich sehr bedrückten. Alles hat sich so verändert zwischen uns. Vielleicht klappt's mit uns beiden ja auch wieder besser, wenn ich nicht mehr auf der Schule bin. Und eins wünsche ich mir von ganzem Herzen, daß wir wieder so dicke Freundinnen werden, wie wir es mal waren.
Ich hab Dich lieb!
Deine Birgit

Liebe Birgit, 3.7.1981
ich hab so eine Angst gehabt, als ich am Mittwoch gesehen hab, wie Du ganz stur den Brief auf meinen Schultisch gelegt hast. Ich dachte, nun ist alles aus! Als ich das dann gelesen hab, war ich froh. Trotzdem glaub ich, daß ich einen Fehler gemacht habe. Ich hab Dir alles auf einmal geschrieben, so daß Du nur auf die für Dich wichtigsten Punkte zurückgeantwortet hast.

Ich fühle mich genauso unverstanden wie vorher, nur weiß ich jetzt, daß ich jemanden, den ich unheimlich mag und auch brauche, nicht verloren habe.
Ich hab Dich lieb,
Heike

MONIKA SECK-AGTHE

Das Tolle an der Liebe

Ich bin zwar nicht mehr die Allerjüngste. Im nächsten Winter werde ich dreißig. Daß ich mich verliebe, wird immer seltener. Es ist schon so viel schiefgegangen. Irgendwas habe ich meistens falsch gemacht. Oft bin ich den Männern einfach zu dicht auf den Pelz gerückt.
Wenn ich mich verliebe, schlägt das ein wie eine Granate. Alles dreht sich, alles ist bunt und sprüht Funken. Ich habe das Gefühl, in den Himmel zu wachsen. Ich bin dann total aus dem Häuschen.
Es gibt Leute, die sich grundsätzlich klug verhalten, überlegt, auch wenn sie verknallt sind. Das kann ich nicht. Den Mann, in den ich verliebt bin, bombardiere ich mit Briefen. Ich rufe ihn an, ich schicke ihm kleine Päckchen, Postkarten, von überall, wo ich gerade bin, ich träume von ihm den ganzen Tag. Ich stelle mir vor, was ich mit ihm alles machen könnte. An einem weißen Strand liegen, in den Spessart fahren, zusammen in ein Beethoven-Konzert gehen. Oder einen ganzen Tag im Bett liegen, mit Obst und Pralinen und Wein.
Meinen Freundinnen liege ich in den Ohren, stundenlang. Ich erzähle, wie schön mein Geliebter ist, wie klug, wie erotisch seine Stimme klingt, daß er die ganzen typischen Männersachen eben gerade nicht hat, daß er sensibel ist und offen.
Manche sagen: «Du mußt etwas taktischer sein. Wenn du den so bestürmst, haut er dir ab. Der denkt ja, du willst ihn fressen. Der kriegt doch Angst.»
Das will ich dann immer nicht wahrhaben. Ich sage mir, wenn einer mich richtig liebt, dann müßte er sich doch freuen, daß von meiner Seite so viel passiert. Fast jeden Tag eine Überraschung – das ist doch eigentlich schön.

Ich habe aber inzwischen selber und oft auf schmerzhafte Weise festgestellt, daß die meisten Männer es tatsächlich nicht gut aushalten, wenn man so richtig auf sie absegelt. Deshalb habe ich mit der Zeit gelernt, mich zu bremsen, wenn ich verliebt bin. Ich verkneife mir Glückwunschtelegramme, die selbstgebastelten Fotoromane, jeden zweiten Anruf, das lüsterne Ausmalen von Reiseträumen. Jedenfalls zum großen Teil (nicht alles!).

Ich habe mich schon mit vielen Männern darüber unterhalten, auch mit vielen Frauen.

Ich denke, das Schwierige in der Liebe ist, seine Gefühle so zu zeigen, wie sie sind, stark und schillernd und himmelhoch, und trotzdem nicht verschlingend zu wirken, krallig und drängelig.

Wenn man sich verliebt, verliert man manchmal den Draht zu sich selbst. Man ist total durcheinander und gerät in eine Art Abhängigkeit zu dem anderen. Wenn er einen mal schief anguckt, bricht gleich die Welt zusammen.

Das müßte anders sein. Man müßte mehr Humor haben in der Liebe. Nicht alles so tierisch ernst nehmen. Nicht gleich Krach schlagen, wenn er mal nicht zur verabredeten Zeit anruft.

Man müßte leichtfüßiger mit der Liebe umgehen. Man müßte mit ihr einen Walzer tanzen, anstatt sie auf einen Sockel zu stellen.
Das wäre was.
Jedesmal wenn mir eine Liebe zerbrochen ist, habe ich es mir ganz fest vorgenommen: das nächste Mal bleibst du wenigstens mit einem Zeh auf dem Teppich. Und versuchst mal zu lernen aus deinen eigenen Erfahrungen. Das ist mir bis jetzt nicht gelungen.
Ich bin mir selbst zu theatralisch in der Liebe.
Ich mag gerne romantisch schwärmen. Ich habe schon oft am Fenster gestanden und Rotz und Wasser geheult, wenn eine meiner Lieben kaputtgegangen war. Dann dachte ich: Jetzt ist alles aus. Aber das ist das Tolle an der Liebe: Solange man lebt, hört sie nie auf. Es kommt immer noch eine und noch eine. Selbst wenn man nicht damit rechnet. Oder gerade dann. Ich bin gespannt, wie es sein wird, wenn ich mich das nächste Mal verliebe. Und ich freue mich darauf.

THOMAS
Starke Nähe

Es ist schon ein komisches Gefühl zu merken, daß ich mich in einen Jungen verknallt habe. Eigentlich bin ich nicht schwul, aber ich habe schon oft gemerkt, daß ich auch zu Jungen einen unheimlich guten Draht entwickeln kann, und nun ist das auch wieder so. Der Axel ist ein ganz besonderer Junge. Er ist auf der einen Seite ... ja so ein Junge halt. Andererseits hat er so was Empfindsames und Zartes an sich.
Als wir unsere Fahrradspritztour durch die Eifel gemacht haben, habe ich eine unheimlich starke Nähe zu ihm gefühlt. Manchmal, wenn wir über etwas lachten und uns freuten, da hätte ich ihn am liebsten in die Arme geschlossen und ihn ganz lange angesehen, und dann hätten wir auf einer Wiese in der Sonne gelegen. Ich hätte ihn mit einem Strohhalm im Gesicht gekitzelt. Wir hätten dann rumgebalgt, wären uns wieder in die Arme gefallen und hätten uns einen ganz lieben Kuß gegeben.

Aber wie zeigt man einem Jungen, daß man ihn liebhat? Das ist so schwer. Manchmal denke ich, ich sage es einfach. Aber dann frage ich mich: Was sage ich denn bloß?
Eigentlich müßte ich auf Axel zugehen und ihm sagen: «Hör mal, ich habe dich unheimlich gern ...» oder so ähnlich jedenfalls. Aber das fällt mir schon so schwer, wenn ich in ein Mädchen verliebt bin. Und bei einem Jungen ist das auch wieder ganz anders. Wenn du als Junge in einen Jungen verliebt bist, das gehört sich nicht, das gilt im allgemeinen als pervers oder so.
Ich selber finde das überhaupt nicht so schlimm. Wieso soll ich nicht auch einen Jungen so nett finden können wie ein Mädchen? Wo ist dabei der Unterschied?
Meinen besten Freunden habe ich das auch gesagt. Die finden auch nichts schlimm dabei, im Gegenteil. Die würden so ein Gefühl auch gern mal erleben. Aber vor allen Leuten dazu zu stehen, das ist schon viel schwieriger. Am schwierigsten stelle ich mir aber vor, dem Axel das direkt zu sagen. Er würde bestimmt nicht sauer darauf reagieren; aber wahrscheinlich würde er innerlich direkt zurückweichen und Abstand nehmen. Das ist einfach Scheiße, daß ich nicht meine Gefühle so ausleben kann, wie die Gefühle sind. Das siehst du ja schon auf jeder Reklametafel, wie deine Gefühle laufen müssen. Na und so wird das wohl halt auch nichts geben mit meiner Verliebtheit. Aber ich bin froh darüber, daß ich so ein Gefühl mal erlebt habe. Und vielleicht überwinde ich mal meine Ängste und dann, ja dann wird gepowert, aber wie ...

SUSIE ROMAHN

Aus Susies Tagebuch

1. September
Ich habe Angst, Angst vor morgen, übermorgen, vor der Zukunft. Alles, was ich so erlebe, bringt mir irgendwie nichts. Es geht an mir vorbei. Mir kommt es so vor, als würde ich meine Tage vertun, alles wäre nur eine Art Süßigkeit, um meinen Hunger zu stillen. Ich erwarte aber eine richtig warme Mahlzeit. Warum bin ich nur so unzufrieden?

13. September
Meine jetzige Verfassung ist folgendermaßen: meine Angstgefühle treten wieder ganz schlimm auf. Angst vor allem, die anderen Menschen zu verletzen, vor der Schule, mich vor anderen lächerlich zu machen, und die Angst, daß ich meine Gefühle verliere und daß ich nie wieder der Mensch werde, der ich mal war.
Ich habe auch Angst, daß ich nicht mehr lieben werde. Meine Beziehung zu Jungen ist dermaßen beschissen! Ich kann mit einem Jungen zusammensein, küssen, reden, sogar über unsere Freundschaft, streicheln, tanzen und intim sein. Aber ich kann ihn nicht lieben! Ich will aber, ich will, ich will!

20. September
Das Gefühl, das ich nicht beschreiben kann, habe ich nicht mehr dabei. Das Gefühl der Wärme, das Kribbeln im Magen, das Himmelhoch-Jauchzen- und Zu-Tode-betrübt-sein-Gefühl habe ich nicht mehr. Überhaupt nicht mehr. Auch nicht bei anderen Gelegenheiten. Irgendwie ist alles so unwirklich, ich habe Angst, Sorgen und auch Freude, aber das Ganze bin ich. Zusammengebaut, wie ein wackliges Kartenhaus, das, damit es der Wind nicht umbläst, eine kalte Wand um sich gebaut hat. Ich bin so cool außenrum.

Lord
EXTRA
JUNGE
LIEBE
Langnese

SUSANNE MATTHIESSEN

Scheiße im Kopf

– Ein Gespräch mit einem Mädchen, das ich in der Kneipe getroffen habe. Reihenweise haben sich die Jungs in sie verknallt, doch sie hat alle abblitzen lassen –

Ja, ja, ich weiß schon, das Leben ist für die Wurst, da gibt es kein Vertun. Ich bin jetzt 16. Ja, 16. Jeder kann wissen, daß ich nur Hauptschule habe. Kann ruhig jeder wissen, echt. Der Frisör, bei dem ich jetzt in der Lehre bin, erstes Lehrjahr, das is'n fähiger Typ, ganz menschlich, der versteht das, wenn ich mal keinen Bock habe oder 'nem Kind den Kopf verschneide. Er sagt einfach: Gudrun, das ist deine Kundin, und ich muß ran – vor allen Dingen nicht sagen, daß ich so gut wie keine Praxis habe.

Mit den Perücken, da komme ich echt null zurecht. Als meine letzte Kundin plötzlich ihre Haare abnahm, da habe ich ganz schön gestaunt, was da zum Vorschein kam. Also das sah aus, nee! Und der Duft der großen weiten Welt. Da war auch mit Tonnen Shampoo nicht mehr viel zu retten. So, wie die aussah, würde ich mich nicht mal trauen, in' Spiegel zu sehen.

Na ja, und dann sind da natürlich die Omis. Denen hau ich 'n paar Lockenwickler auf'n Schädel, daß sie sich nicht mehr wiedererkennen. Der Kopft ist so zerfurcht, daß die rosa Schweinehaut in Etappen sichtbar wird. Das sind auch die, die immer winseln, daß der Fön zu heiß ist und daß sie so empfindlich sind am Kopf. Manchmal lasse ich das Wasser zum Haarewaschen auch extra jaulheiß werden, nur um zu hören, daß sie's nicht mehr aushalten können. Wir sind zwar ein Damensalon, aber zunehmend kommen auch Männer, die sich einen guten Schnitt verpassen lassen wollen. Die dezente Pflege für den Herrn, oder wie man das nennt.

An die Bundeswehrtypen läßt mein Chef mich immer ran. Da kann man auch nicht viel falsch machen. Zu mir ist jetzt schon das dritte Mal der gleiche Soldat gekommen – sogar auf Vorbestellung. Für Gudrun, stand in unserem Kalender. Finde ich echt gut. Wenn das bloß nicht so ein ausgemachter Idiot wäre. Es gibt Idioten und Vollidioten. Der sagt immer, Baby, du machst mich so an. Ich glaube, ich habe mich in dich verknallt. Also wie wär's mit Amore? Ich hab ihm geantwortet, Sugar soll den Mund halten, sonst verpaß ich ihm Amore.

Aber wie. Da war der richtig sauer. Ach, was heißt sauer. Der war irgendwie traurig. Ich glaub, das hat den wirklich getroffen. Ich war ganz überrascht. Diese coole, abgefahrene Art war nur 'ne Masche, Fassade, weiter nix. Da kann ich nicht drauf, auf solche Schaumschlägerei.
Da fing er plötzlich an zu jammern. Und ich mag jammern nicht, weil das eigentlich überall immer einfließt, wo man nicht weiterkommt und trotzdem etwas unbedingt durchsetzen will. Und es tritt auch da auf, wo der Zug schon abgefahren ist und jetzt irgendwo vorknallt. Also auf die Mitleidstour läuft bei mir überhaupt nichts. Ich kann doch nichts dafür, daß ich den blöd finde.
Deshalb habe ich auch null Reaktionen gezeigt und ihn machen lassen. Soldaten sind übel. Die klatschen sich immer die Rübe voll, wollen einen dann durchnageln, und von dem vielen Alkohol geht denen keiner ab. – Okay. Alternativen gibt's sowieso nicht. Ich wurschtel mich immer so durch.
Udo Lindenberg hat mal gesagt, er stünde auf *Kufrilies*. Das bedeutet kurzfristige Liebesbeziehungen. Finde ich eigentlich 'ne gute Einstellung. Jedenfalls ist die ehrlich und nicht so verlogen. So in etwa versuche ich es auch mit den Typen zu halten. Klappt nur nicht immer. Aber wer kann sich auch schon erlauben, wie Udo Lindenberg zu denken. Aber ich kann mich nicht beklagen. Im Grunde läuft alles easy. Klar ist diese Regelmäßigkeit, die sich aus meinem Beruf ergibt, auf die Dauer ganz schön nervend. Aber die gibt's ja wohl überall, wenn man nicht einfach alles und sich total verweigern will. Ich kenn viele, die so auf Punk und no future machen.
Die Punks kann ich besser verstehen als irgendwelche anderen Idioten. Die stehen mir näher. Was so in denen abläuft, beziehungsweise nicht mehr abläuft, ist im groben auch meine Einstellung. *Ich will jetzt alles! Ich hab nix zu verlieren! Die anderen haben sowieso nur Scheiße im Kopp!* Da kann ich eher hinterstehen als hinter diesen Öko-Debatten. Anti Kernkraft – ich kann es nicht mehr hören. Alternatives Landleben – da krampft sich mein Magen zusammen. Feminismus – das kapier ich nicht, was die wollen. Nee, da seh ich nicht den Sinn drin, Dinge zu verändern. Wieso bloß immer gegen alles kämpfen? Das bringt nichts, und man hat dauernd die Bullen im Kreuz. Das Träumen von 'ner besseren Welt ist ausgekaut. Ich finde, wir müssen mit dem Plastik leben und dem Abraum. Was hier so herumliegt, müs-

sen wir verbrauchen. Die Welt haben wir schließlich nicht so gemacht, sondern sie ist uns so übergeben worden. Nicht mal übergeben worden, sondern man hat uns da reingesetzt, nun macht mal was draus. Da ist es doch suppenklar, daß man keine Lust mehr hat, da noch was draus zu machen. Totale Verweigerung ist allerdings wohl auch nicht die faire Reaktion.
In der Zeitung stand, die Jugendlichen seien von der Politik entfremdet. Das kann ich nur voll unterstreichen. Ich hab auch keinen Bock, mich damit auseinanderzusetzen. Man richtet sowieso nichts aus, und die machen ihren Kram auch ohne mich.
Ich verliebe mich dauernd. Das ist die angenehmste Ablenkung von diesem Müll. Leider sind das meistens Typen, die von mir nichts wissen wollen. So die ganz harten, die im Place an der Mauer lehnen und sich Zigaretten drehen.
Vielleicht ist es auch ganz gut so, daß die von mir keine Ahnung haben. Vielleicht fände ich die auch total bescheuert, wenn ich die näher kennen würde. Aber ich kuck die mir eben unheimlich gerne an.
Das ist aber auch alles. Verstehste, ich hab wenig Zeit. Ich kann die Kernkraftwerke nicht aufhalten und ihr auch nicht. Ich kann überhaupt nichts aufhalten oder etwas bewirken. Ich kann nur 'ner alten Omi den Kopf verbrühn!

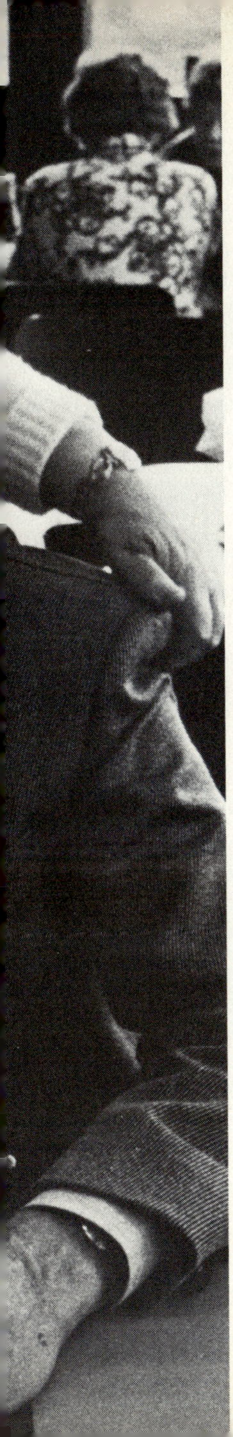

HARALD HURST

Flirt

aus: s'freidagnachmiddagfeierobendschtrassebahnparfüm

sie guckt
ob i guck
aber i guck net

i guck
ob sie guckt
aber sie guckt net

aber irgendwie
habe mer
uns gucke g'seh

NELE KLEYER
Meine rosarote erste Liebe

Endlich Schulschluß! Ich sprang die Treppe hinunter und rempelte jemanden in voller Fahrt an. Entschuldigung stammelnd, sah ich ihn das erste Mal. Er lachte über das sommerbesproßte Gesicht und winkte ab – ich lief weiter. Mein Herz machte kleine Hüpfer, und ich war ganz zittrig. Ich konnte mich nicht mehr umdrehen, sah nur dieses lustige Paar Augen vor mir und war unfähig, einen klaren Gedanken zu fassen. Zu Hause war dann alles wie immer. Mittagessen, Hausaufgaben, mit Freundinnen treffen. Erst abends fiel mir meine Begegnung wieder ein, und das erste Mal in meinem Leben freute ich mich auf die Schule.

In der ersten Pause stand ich im Kreis meiner Klassenkameraden auf dem Schulhof und guckte möglichst unauffällig, ob ich ihn irgendwo entdecken konnte. Er war nicht da. Irgend etwas in mir wurde sehr schwer, und die Schule war wieder so uninteressant wie immer. In mir waren plötzlich viele Zweifel und Fragen: ich dachte, daß ich ihn wohl kaum wiedersehen würde, vielleicht besuchte er eine andere Schule. Ich hatte ihn ja hier zuvor noch nie gesehen.

In den folgenden Stunden wurde ich immer unaufmerksamer und nachdenklicher. In der letzten Pause vor Schulschluß saß ich wieder draußen auf dem Pausenhof und hatte das Suchen schon aufgegeben. Zwei Mädchen aus einer höheren Klasse, die ich vom Sehen her kannte, kamen auf mich zu und gaben mir ein Heft. Ich nahm es erstaunt, ohne viel zu fragen, und sonderte mich von meinen Mitschülern ab, um aufgeregt Seite um Seite zu lesen.

Es war eine Fabel, in krickliger Jungenschrift geschrieben, eine rührende Geschichte von zwei rosa Hunden, die sich nicht kannten. Der eine rosa Hund beobachtete den anderen schon lange und war nur zu schüchtern, um auf den anderen zuzugehen. Doch weil sie beide rosa waren, gehörten sie eigentlich zusammen. Unter dieser Fabel stand Name und Anschrift des Schreibers. Da war ich natürlich sehr gespannt, mein rosa Gegenstück kennenzulernen.

Beim Mittagessen zu Hause bekam ich kaum einen Bissen herunter und fühlte mich sehr unruhig. Mein Bruder riet mir, einfach anzurufen, dann würde ich ja sehen.

Da saß ich dann im Flur am Telefontischchen und dachte, mein Bruder hat gut reden. Unsicher wählte ich die Nummer, die in dem Briefchen stand. Es meldete sich eine sehr angenehme Stimme. Ich ahnte, daß er es war. Mit trockenem Mund und nur zögernd erklärte ich ihm, warum ich anrief. Er war sehr erstaunt über meinen Anruf und sagte, er müsse sich erst mal setzen, fragte mich aber gleich, ob wir uns nicht treffen könnten, was mich sehr erleichterte. Wir verabredeten uns an einem nahe gelegenen See, wo wir spazierengehen wollten.
Ich zog mein neues T-Shirt aus dem Kleiderschrank, warf noch einen kurzen Blick in den Spiegel und machte mich auf den Weg. Plötzlich war ich mir gar nicht mehr so sicher, ob ich ihn kennenlernen wollte. Meine Knie waren ganz weich, und mein Herz raste. Immer wieder strich ich mein Haar in den Nacken zurück und schaute mich in den Schaufensterscheiben an. Ich gefiel mir nicht mehr. Am liebsten wäre ich zurückgegangen. Aber ich war auch neugierig.
Von weitem sah ich ihn schon stehen und schaute verlegen weg. Dann standen wir voreinander: es war der Junge, den ich fast umgerannt hätte, als ich vor Freude über den Schulschluß die Treppe heruntergesprungen war. Ich hatte ihn mir etwas anders vorgestellt in der Zeit des Wartens auf diesen Augenblick. Er hatte ein nettes Lachen und wache Augen. Ich konnte ihn ansehen, und er reagierte auf mich. Es war ganz anders, als ich es für möglich gehalten hatte. Ich versteckte meine nervösen Hände in den Hosentaschen, ich hatte furchtbare Angst, etwas Falsches zu sagen.
Er erzählte ein bißchen von sich. Während der ganzen Zeit blieb ich ziemlich schweigsam, dachte nur immer wieder, hoffentlich enttäuschst du ihn nicht, und muß sehr verkrampft gewirkt haben. Doch er ließ sich nichts anmerken und war gleich sehr offen und gesprächig. Irgendwann fielen die Schranken, und auch ich redete und kam mir gleich besser vor. Wir vergaßen die Zeit, während wir da gingen und sprachen. Ich vermied es jedoch, ihn anzusehen, denn seine Augen machten mich immer noch unsicher.
Irgendwann schlug er vor, sich auf eine Bank zu setzen, und da merkte ich, daß es bereits dämmerig wurde und meine Füße schmerzten. Als wir nebeneinander saßen, wurde ich schon wieder nervös. Deshalb hielt ich den Abstand zwischen uns absichtlich groß. Schließlich fand ich eine Ausrede, um diese Situation zu beenden. Er bedauerte, daß ich schon gehen müsse, und schlug vor, am kommenden Tag auf einen

Tee vorbeizukommen. Obwohl ich unsere Trennung herbeigeführt hatte, fiel es mir schwer, mich zu verabschieden – doch ich sollte ihn ja bald wiedersehen.

Am nächsten Tag sah ich ihn in der Schule nur von weitem, und wir grüßten uns lediglich durch ein kaum merkliches Kopfnicken – und dann verlor ich ihn aus den Augen. Ich dachte: das war es also, er mag mich doch nicht. Meine Konzentration in den kommenden Schulstunden war gänzlich dahin. Ich schrieb seinen Namen in alle Hefte und schaute aus dem Fenster. Ich ging nach Hause und fühlte mich krank und elend.

Die Stunden bis zum verabredeten Wiedersehen wollten nicht vergehen. Bei jedem Klingeln sprang ich auf und fiel dann enttäuscht in den Stuhl zurück, wenn er es wieder nicht war. Doch dann, ich hatte die Hoffnung schon fast aufgegeben, kam er. Wieder war ich ganz aufgeregt, und ich bekam, glaube ich, sogar einen roten Kopf. Doch diesmal kamen wir schneller ins Gespräch. Ich legte Musik auf und zeigte ihm Fotos, wobei ich ihm die Geschichte jedes Bildes erzählte.

Einmal, als ich ihm ein Foto hinüberreichte, berühten sich unsere Hände. Ich begann zu zittern und ging erst mal in die Küche, um Tee zu kochen, was nur eine Ausflucht war, um wieder ruhig zu werden. Wir tranken Tee, und es wurde später.

Ich saß am Tisch und er auf dem Sofa, als er mich um Stift und Papier bat. Er schrieb, während ich mit dem Rücken zu ihm gewandt saß, um eine neue Platte aufzulegen. Dann schob er mir den Zettel zu. Und dann las ich: «Ich habe mich in dich verliebt.» Ganz langsam drehte ich mich zu ihm um. Alles, jede Bewegung fiel mir unendlich schwer, überhaupt einen klaren Gedanken zu fassen war mir nicht möglich.

«Meinst du das ehrlich?» fragte ich voll Zweifel. Vorsichtig nahm er meine Hand und spielte mit meinen Fingern. Ich schaute in sein Gesicht und glaubte ihm.

ELISA KELLNER/ ESTHER KLUTH

Gemeinsam einsam

1982, wir waren gerade im sechsten Schuljahr, mochten wir beide einen Jungen sehr gern, er hieß Alexander, wir nannten ihn Alex. Mit ihm und ein paar anderen Jungen, Enzo und Frank, haben wir viel unternommen. Am 16. 11. 1982 fing dann an, wovon wir erzählen wollen.

In der Pause waren wir gerade mal nicht zusammen. Elisa stand gerade in der Nähe vom Jungenklo. Plötzlich kamen Frank, Enzo und Rainer aus dem Jungenklo rausgestürmt und überfielen Elisa mit der Frage: «Willst du mit dem Alex gehen?»

Elisa: Ich war total verwirrt, denn vorher hatte ein anderer Junge mir schon gesagt: «Der Alex will mit dir gehen!» Ich habe ihn ausgelacht, kein Wort geglaubt. Ich hatte aber ein ganz komisches Gefühl im Bauch, denn ich mochte Alex ja sehr gern. Ich sagte:

«Das glaube ich euch nicht.»

Da lachten sie: «Wetten um 10 DM, daß es stimmt?»

Da kam Alex aus der Toilette gestürmt und rief: «Das stimmt überhaupt nicht!»

Ich meinte: «Seht ihr, das habe ich euch doch gesagt.» Alex wollte sich wieder ins Klo zurückziehen, da fragten ihn die anderen: «Du willst doch mit Elisa gehn, oder?»

Alex wurde knallrot im Gesicht und sagte gepreßt: «Ja.»

«Sag die Antwort», drängten Enzo und Frank mich.

«Ich weiß nicht», kam es aus mir heraus. Mir war das unheimlich peinlich, ich hatte ein gemischtes Gefühl aus Angst und Glück.

Esther: Später, am Ende der Pause, fragten Frank und Alex mich, ob ich mit Enzo gehen wollte. Ich hatte in dem Moment überhaupt kein richtiges Gefühl, weil ich ja auch nicht mit Enzo gehen wollte und außerdem nicht wußte, ob ich ihnen das glauben sollte. Ich sagte: «Nein!»

Da fragten sie: «Warum nicht?»

Ich sagte: «Weil ich ihn nicht liebe.» Als ich das gesagt hatte, fingen sie unheimlich an zu lachen und wiederholten den Satz immer wieder.

Ich weiß auch nicht, was sie hatten, aber sie machten sich noch lange darüber lustig und ärgerten mich damit.

Zwei Tage danach war ein Feiertag, und wir hatten uns für dreizehn Uhr mit Alex und Enzo an der Bahnstation Vischeringstraße verabredet. Wir sollten ihnen dann die Antwort sagen.
Esther: Ich wußte, was ich sagen würde, ich wollte nein sagen, denn ich wollte ja wirklich nicht mit Enzo gehen.
Elisa: Ich wußte nicht, was ich sagen sollte, ich wollte ja mit Alex gehen, aber ich traute mich nicht, ja zu sagen. Erst verdrängte ich den Gedanken immer. Wir mußten zehn Stationen mit der Bahn fahren. Nun mußte ich mich aber endlich mal entscheiden.
Esther: Ich fragte sie dauernd, aber sie sagte immer nur: «Ich weiß es nicht.»
Als wir ankamen, war Alex schon da. Wir mußten noch auf Enzo warten und spielten solange Fußball. Als Enzo dann auch kam, sind wir erst spazierengegangen und haben dabei ein bißchen Ball gespielt. Enzo und Alex blieben plötzlich ein bißchen zurück. Sie flüsterten miteinander. Dann sagten sie: «Wir wollen jetzt die Antwort wissen.» Wir sind erst mal wortlos weitergegangen, haben uns angeguckt und gegrinst. Wir kicherten und so, weil uns das so peinlich war. Enzo rief dann:
«Bleibt doch endlich mal stehen.» Wir waren beide rot im Gesicht, Alex und Enzo auch. Sie guckten uns erwartungsvoll an. Keiner von uns wollte anfangen. Uns war das alles unheimlich peinlich. Elisa hat dann angefangen:
«Also ... ähm ... dann sag ich mal ja. Ich bin zwar noch nie mit einem Jungen gegangen, aber ich will's mal probieren, ich sag vorläufig mal ja. Elisa: Ich kam mir dabei unheimlich blöd vor.
Alex und Enzo war es wahrscheinlich genauso peinlich wie uns, sie versuchten sich auch immer irgendwie hinter dem anderen zu verstekken. Esther sagte dann:
«Also ... nee ... ich sag nein.»
Esther: Mir ist es unheimlich schwergefallen, nein zu sagen. Ich glaube, nein zu sagen fällt mir schwerer, als ja zu sagen, weil ich weiß, wie dem anderen dann zumute ist.
Alex sagte dann, noch total rot im Gesicht: «Wenn Esther nicht mit Enzo geht, gehe ich auch nicht mit Elisa.»

Wir starrten uns alle an, und niemand wußte, was er sagen sollte. Wir beide, und sicher auch die Jungen, wären am liebsten im Boden versunken. Dann sind wir weitergegangen. Auf der einen Straßenseite gingen wir, auf der anderen Alex und Enzo. Sie sagten immer wieder: «Entweder, oder. Also, entweder sagen beide ja, oder es läuft gar nichts.»
Wir sagten: «Gar nichts.»
Wir fanden das ganz schön bescheuert. Alex hat sich wahrscheinlich nicht getraut, alleine mit Elisa zu gehen. Wir kamen zu einer Telefonzelle. Alex und Enzo gingen hinein und hielten die Tür zu. Wir standen davor und sagten: «Macht doch mal auf.»
Wir hatten uns inzwischen wieder beruhigt. Alex tat so, als würde er mit seiner Mutter telefonieren und ihr alles erzählen. Wir sagten immer wieder, sie sollten rauskommen, weil wir auch gehen mußten. Aber sie kamen nicht, sondern spuckten die ganze Zeit gegen die Tür. Wir haben uns erst mal beleidigt auf eine Bank gesetzt. Dann sind wir einfach gegangen. Als wir an der Bahnstation waren, haben wir gesehen, daß die Bahn erst eine Viertelstunde später kommen würde. Wir sind wieder ein Stück zurückgegangen, aber Alex und Enzo waren nicht mehr zu sehen.

Wenn wir heute in diese Gegend kommen, müssen wir immer daran denken. Meistens müssen wir schon lachen, wenn wir nur eine Telefonzelle sehen.

GISELA CORVES

Trainingsprogramm in Sachen Erotik

Jedesmal wenn ich das Gefühl hatte, in jemanden verknallt zu sein, fühlte ich mich gleichzeitig wie die berühmte Maus in ihrem Mauseloch. Ich wurde verlegen, wenn der betreffende Junge plötzlich vor mir stand, und bekam zu allem Übel auch noch einen roten Kopf, wenn er mich ansprach. Das Zittern in den Knien und die Schwindelanfälle ließen dann meistens auch nicht lange auf sich warten, und statt im siebten Himmel zu schweben, fühlte ich mich nur verwirrt und unsicher. Irgendwann dachte ich, so geht das nicht mehr weiter, denn selbst die nettesten Jungen verloren ziemlich schnell das Interesse an mir, wenn ich stumm wie ein Fisch oder vor Verlegenheit stotternd mit ihnen zusammen war. Wenn ich darüber nachgedacht habe, überlegte ich mir manchmal sogar, ob es nicht besser wäre, mit 18 ins Kloster zu gehen.

Meine Freundin Marion versuchte es immer wieder mit guten Ratschlägen, und eines Abends beschlossen wir, ein richtiges Programm zu entwerfen. Ganz geheuer war mir die Vorstellung zwar nicht, aber ich vertraute Marion in dieser Hinsicht blind. Erstens hatte sie immer tolle Erfolge bei Jungen, und zweitens war sie meine beste Freundin, weil sie mir schon aus vielen miesen Situationen herausgeholfen hatte.

Am Freitagnachmittag begannen wir mit der ersten Trainingsstunde. Wir setzten uns vor den großen Spiegel in meinem Zimmer, und Marion begann mit den Augen zu rollen.

«Der Augenaufschlag», belehrte sie mich, «ist der sicherste Weg, einem Jungen den Kopf zu verdrehen.»

Ich schaute ihr voller Bewunderung zu, wie sie ihre Augen mal supergroß aufriß und dann wieder träge unter ihren Augenlidern hervorblinzelte.

Gleichzeitig veränderte sie die Stellung ihres Mundes und ließ ihn schmollen und flöten. Mich schien sie dabei vergessen zu haben, denn als ich ihr vorschlug, meine Übung zu beurteilen, sah sie mich an wie das Wesen von einem anderen Stern.

«Um Himmels willen», fuhr sie auf, «das ist ja furchtbar. Du bist doch nicht die Hauptdarstellerin eines Horror-Films. Mit deinen Versuchen machst du ja Klaus Kinski Konkurrenz.»

Gekränkt richtete ich meinen Blick auf den Boden, obwohl ich mir ja selbst blöd vorgekommen war, als ich meine Pupillen hin und her hüpfen ließ.

«Vielleicht ist die Sache mit dem Augenaufschlag ja auch angeboren», bemerkte Marion sinnigerweise. «Dann starten wir eben die nächste Übung, die dir garantiert besser liegt.»

Sie erhob sich vom Stuhl und tänzelte auf Zehenspitzen durch das Zimmer, wobei ihre Hüften eine gewaltige Kurve beschrieben. «Das hab ich in Filmen gesehen», war Marions Kommentar, «und alle

Wahre
Foto-Love-Story
Liebe auf der Klassenfahrt
Richard und Emmeline entdecken die Liebe
ENDE

Frauen, die das Hüftwackeln beherrschen, haben später auch einen tollen Mann abgekriegt.»
«Aber im Kopf waren sie ziemlich dumm», bemerkte ich spitz, «deshalb blieb ihnen wohl auch nichts anderes übrig.»
Marion schaute mich an wie eine Oberlehrerin: «Deine psychologischen Erklärungsversuche führen zu nichts», ließ sie mich wissen, «seit wann hat Schönheit denn was mit dem Kopf zu tun?»
Ich gab's auf. Schließlich hatte ich das Anmach-Training freiwillig begonnen und hatte mir geschworen durchzuhalten, egal was da kommt.
Mit vorsichtigen Schritten begann ich hinter Marion herzuschleichen, doch soviel Mühe ich mir auch gab, ich hatte das Gefühl, auf einem Schwebebalken zu balancieren, ohne daß mich jemand vor dem Abgrund bewahrte. Ich fing an, die Füße seitwärts zu setzen und ... «Auf Charlie Chaplin stehn die Jungen auch nicht», kreischte sie vor Vergnügen, «du läufst ja rum wie jemand, der heiße Kartoffeln in der Hose hat.»
Das saß! Völlig mutlos ließ ich mich auf den nächsten Stuhl fallen und sah mich schon als alte Jungfer das Lebensende fristen. Aber Marion blieb unerbittlich, und so kam es, daß ich am nächsten Morgen mit einem Muskelkater an den Frühstückstisch schlich.
Am Samstagabend, so hatten wir verabredet, sollte ich meine Wirkung im Jugendzentrum testen. Ich schloß mich deshalb für weitere Stunden in mein Zimmer ein und übte trotz stechender Waden bis zum Umfallen. Auch wenn es mit dem Augenaufschlag immer noch nicht so richtig klappte, mein neuer Gang gefiel mir immer besser. Marion holte mich gegen 19 Uhr ab, gemeinsam schritten wir mit fliegenden Hüften zur Generalprobe und wanderten dann ab zum Jugendheim. Das Schicksal hatte es gut mit mir gemeint, denn Peter, mein damaliger Schwarm, stand mit ein paar anderen Jungen neben dem Discjockey, als wir reinkamen.
Augenlider runterklappen, sagte mir meine innere Stimme, und dann wieder schnell hochreißen. Und noch mal runter und wieder hoch. Ja, merkte Peter denn immer noch nichts? Vor lauter Anstrengung begann die sorgfältig aufgetragene Wimperntusche sich zu verselbständigen, die Tränen stiegen mir in die Augen, und ich rannte auf die Toilette, wo ich mit dicker schwarzer Tusche die fliegenbeinartige Anordnung der Wimpern wieder herrichtete. Die Sache mit dem Hüft-

schwung hatte ich während meines Abgangs allerdings völlig aus den Gedanken gestrichen.
Am liebsten hätte ich den Abend auf dem Klo verbracht. Aber Marion hatte meine finsteren Absichten wohl durchschaut. Sie kam hinterher und bestand darauf, daß ich meine neu erworbene Schritt-Kombination wenigstens für den Rückweg testen sollte. Eingehakt gingen wir zur Tanzfläche zurück. Obwohl mir Marions Nähe zunächst ein ungeheuer sicheres Gefühl verlieh, klappte die Koordination unserer Bewegungen überhaupt nicht. Wenn Marion ihre Hüfte nach links schwenken ließ, beschrieb mein Unterkörper eine Kurve nach rechts. Das hatte zur Folge, daß wir aneinanderstießen und uns gegenseitig blockierten. Die Jungen starrten uns mit offenem Mund entgegen.
«Seit wann übt ihr für den Seenot-Rettungs-Dienst?» rief uns Peter zu. «Windstärke 12 ist doch erst für morgen angesagt.» Ein tosendes Gelächter war die Antwort, ich riß mich von Marion los und verließ blitzartig den Ort meiner Niederlage.
Heute schießen mir die Tränen vor Lachen in die Augen, wenn ich an die Folgen unseres Trainings denke. Wie Marilyn Monroe kann ich mich immer noch nicht bewegen, aber ich will auch gar nicht, daß mir James Bond einen Heiratsantrag macht.

MICHAEL MEERT

Keep cool, Baby

Rock'n Roll hieß die amerikanische Musikrichtung, die Ende der 50er Jahre den deutschen Schallplattenmarkt der wehmütigen Schnulzen überrollte. Viele Jugendliche paßten auch ihren Lebensstil dem amerikanischen way of life an: sie trugen Jeans, tranken Coca-Cola und besuchten amerikanische Clubs, in denen Musikgruppen spielten.
Luckys erste Liebe war Susan. Ausgerechnet die. Eine Amerikanerin, ein Jahr jünger als er, aber mit schon auffälligem Busen und die erste an der Schule, die einen Minirock riskierte – damals, als die Zeiten

noch nicht lange zurücklagen, wo ein alter Lehrer Typen verprügelte, die Jeans anhatten, dieses *verluderte Amizeug*.
Sie verstand es, sich herauszuputzen, und die Typen drei Klassen höher waren ganz scharf auf sie.
Lucky lag, wie in Trance, auf dem Bett, spielte ein dutzendmal hintereinander von den Monkeys, *I'm a beliver*, diese Schnulze, die bei ihm aber jedesmal reinfuhr in eine Gegend, die er bisher noch nicht gekannt hatte. Neu entdeckte Geheimnisse. *Then I saw her face, now I'm a beliver*. Sonst verstand er vom Text sowieso nichts, aber das reichte.
Das Gefühl fetzte in ihm, und es kamen die Tage, wo es ihn in die Schule zog, eine Bank hinter Susan, zu den schrägen heimlichen Blikken auf ihre Oberschenkel und ganz selten einmal auf Lippen und Augen, das war viel schwieriger, so direkt und dann auch noch irgendwas sagen zu müssen.
Ein Gefühl, das es vielleicht geben kann, wenn du auf einer Trauminsel gelandet bist, im warmen Sand liegst nach unendlich langem Treiben im kalten Meer; mit dem sicheren Gefühl, daß es so wie vorher nie mehr werden kann ...
Ein Karnevalsfest im Keller. Später dunkel, Lucky trotzdem mit Sonnenbrille. Ganz cool steht er vor Susan. Die geht als Playboyhäschen. Playboy, was ist das zum Teufel? Illustriertenbilder in der Quick, wo sich Gunther Sachs und andere mit Schlagsahne beschmieren ...
Sie hat sich etwas geschneidert, schwarz, aus Stoff für einen Turnanzug, nur oben freie Schultern und am Hintern ein weißes Büschel und bekloppte Hasenohren am Kopf. Lucky steht vor ihr, einen Kopf größer, guckt hinunter von den Schultern zum Busen, der dieses ausgeschnittene Kostüm hält. Hat er vorher so was schon mal gesehen, außer auf dem Foto?
Eine Minute lang steht sie dann vor ihm, eine Minute, in der er etwas sagen will, irgend etwas, das paßt, so wie *I'm a beliver*, damit sie es kapiert.
Aber das Oh!..., das herauskommt, reicht nicht. Sie macht nichts, zeigt nichts, außer dem Busen und gibt keinen Wink.
Dann ist es vorbei.
Lucky sitzt die Fete auf der Matratze ab, im Dunkeln, mit einer Sonnenbrille, ganz cool.
Und jetzt kommen die Shamrocks aus Schweden. Spielen bei den Amis. Jetzt muß etwas passieren, jetzt muß er Susan anhauen.

«Sollen wir nicht zusammen ...» hätte ein bißchen klarer herauskommen können, aber nachdem es heraus ist, sagt sie: «Ja.» Einfach so, ziemlich routiniert, eigentlich nicht so, daß sich Lucky wie bei einem Sieg fühlen kann, aber so weit war er noch nie. Er soll sie abholen, bei ihr zu Hause. Ihre Eltern sind nicht da. Jetzt muß er es bringen.
Er zieht los, steht vor der Haustür. Susan macht auf, geht ins Wohnzimmer, da sitzen schon die anderen. Drei Typen von der Schule. Er, Lucky ist der vierte; der vierte und letzte. Er ist nur stehengeblieben und hat gegrinst. Susan führt die Orgel vor, die die da stehen haben; ein Riesending, vierundzwanzig Register. Lucky möchte spielen können, *Tatata-Tataa ... then I saw her face, now I'm a beliver*, und Susan dabei in die Augen sehen.
Sie ziehen los, vier Typen und sie, in Richtung Plittersdorf, Amiclub, mit Witzen und Grinsen. Hinter der katholischen Volksschule zieht einer eine Schachtel HB. Jeder zeigt es jetzt: aus den Lungen muß es kommen, durch die Nase. Lucky kann das; mit Robbi hat er geübt, paar Nadelstiche kurz vor dem Filter, dann hat es nicht weh getan, zog rein wie bei den Alten. Lucky kann es! Susan sieht das.
Das Clubgebäude: zwei Tische, die einen schmalen Spalt zum Durchgehen lassen, sind die Kasse. Die drei Typen sind schon drin. Lucky alleine mit Susan. Alleine vor der Kasse. Fünf Mark pro Nase. Das ist

viel, aber Shamrocks sind Shamrocks. Susan neben Lucky. Lucky neben Susan; der Zehner, den er hat, vierzehn Tage Taschengeld, verwandelt sich in zwei Stempel, einen auf Luckys Handrücken, einen auf Susans, so muß das sein.
Die Shamrocks haben lange Matten, tatsächlich. Sie spielen hart. Also laut; so laut, daß du kein Wort reden kannst. Lucky steht an die Wand gelehnt. Jetzt tanzen viele vor der Bühne. Meistens Amis. Ein paar Schwarze sind auch dabei. So wie die tanzen, möchten es alle können.
Susan tanzt mit einem weißen Ami; der hatte auf sie gewartet. Dann hat Lucky sie nicht mehr gesehen an diesem Abend. Die anderen haben schon gefeixt; fünf Mark ist eine Menge Kies, und jetzt ist sie weg. Einmal nur hat sie noch neben Lucky gestanden, kurz. Jetzt hätte er mit ihr tanzen müssen. Sie hat nur noch gesagt, daß sie das Blümchenhemd toll findet, aber warum er denn diesen blöden Rollkragenpullover darunter angezogen hat?

CHRISTOPH
Die Ruhe vor dem Sturm

Ich weiß noch genau, wie ich im letzten Sommer war. Irgendwie aus dem Lot und besonders faul und träge. Das kam nicht durch die Sommertemperatur oder etwas Ähnliches. Es war, als wenn man irgendwann die Tür zuwirft und aus dem Kram, den man erlebt und immer mit sich herumgetragen hat, eine innere Grundeinstellung basteln muß. Als ich das kapiert hatte, war mir klar, daß das eine ganz schön harte Arbeit sein muß, und somit ließ ich mich treiben.
Ich wohne in einem kleinen Dorf, das mittlerweile Vorstadtcharakter hat. Durch den Ausbau der vielen, bisher kleinen Feldstraßen verlor man damals zum erstenmal die Übersicht über die Leute, die in dem Dorf wohnten, und sah zum erstenmal fremde Gesichter vor der Haustür. Das war irgendwie ein ganz merkwürdiges Gefühl, wenn einem plötzlich zu einem Gesicht nichts einfiel. Bei den Leuten, die schon lange im Dorf zusammen wohnten, hatte man immer ganz me-

chanische Gedanken, wenn man sich traf: das ist die Cousine vom Bauern Harms, die gestern beim Melken von der Kuh getreten worden ist; das ist der Opa Hartmann, dem sie schon zum zweitenmal das Bein repariert haben, oder das ist die Frau Schick, die immer die Mäuse beschützt und die Katzen am liebsten dem Tierschutzverein melden möchte. Wenn ich die Dorfstraße runterging, mußte ich im Schnitt immer zehn Leute grüßen oder wurde von ihnen gegrüßt, weil jeder jeden kannte. Kam es einmal vor, daß man stumm aneinander vorbeiging, so hatte das ganz bestimmte Gründe, die entweder auf irgendwelchen Familienstreitigkeiten beruhten oder weil man zeigen wollte, daß man sauer aufeinander war. Mich hatte zum Beispiel die Frau aus dem Kirchenvorstand kurz vor der Konfirmation bei den Eltern angeschwärzt, weil wir uns während des Gottesdienstes Witze erzählt hatten. Ich grüßte sie nicht mehr und konnte ihr damit zeigen, was ich von ihrem Klatsch hielt.

Die neuen Leute kannte man nicht, und irgendwie wurden sie von uns mißtrauisch beobachtet. Aber wir ließen sie auch in Ruhe, so hielten wir Jugendlichen es jedenfalls.

Als ich eines Tages oder vielmehr eines Abends mit brummiger Laune durch die Felder wanderte, sah ich hinter mir auch jemanden von diesen Fremden. Er störte mich zunächst eigentlich nicht. Aber wenn jemand konstant hinter mir hergeht, ohne auch nur ein Wort zu sagen, werde ich ganz kribbelig. Ich entdecke dann tausend Fehler an mir und meinem Äußeren und würde mich am liebsten unsichtbar machen. Doch komischerweise, in dieser Situation gab ich mir selbst einen Tritt, drehte mich kurzerhand um, und ohne richtig hinzusehen, redete ich meinen *Verfolger* an. Mir antwortete eine helle Stimme, und ich dachte nur: O Gott, das auch noch! Hinter mir geht ein Mädchen!

Das Mißtrauen, das ich wie alle anderen den Fremden gegenüber hatte, stand erst mal wie ein Klotz zwischen uns. Denn, obwohl mir das Mädchen auf den ersten Blick gefiel und wie ganz selbstverständlich ein Gespräch anfing, fühlte ich mich in meiner Haut äußerst unwohl. Nicht, weil ich Mädchen dumm und kindisch finde wie die meisten aus meiner Klasse, sondern weil ich es nicht gewohnt war, mit einem mir völlig unbekannten Mädchen zu reden. Ich kam mir vor wie ein Stück Holz, antwortete auf ihre Fragen nur mit Ja oder Nein und rührte mich erst wieder vom Fleck, als sie mich fragte, ob wir ein

Stück zusammen durch die Felder gehen könnten. Das Mädchen, das aus der Stadt in unser Dorf gezogen war, konnte sich überhaupt nicht bremsen beim Anblick der, wie sie meinte, noch unberührten Natur. Sie fragte mir Löcher in den Bauch, und ich merkte voller Erstaunen, daß sie sich über alles freuen konnte, was mir eigentlich selbstverständlich war. Weil ich die Gegend auswendig kannte wie meine Jackentasche, konnte ich ihre Fragen auch alle beantworten, und so erklärte ich ihr, wie die Blumen heißen, was auf den Feldern alles angebaut wird und durch welches Waldstück die Teilstrecke für eine neue Autobahn geplant ist.
Trotzdem war irgendwie alles anders auf dem Dorfplatz, wo wir Jugendlichen uns fast jeden Abend treffen, um zusammen zu quatschen. Denn, obwohl ich meine Sprache wiedergefunden hatte, ging das merkwürdige Gefühl nicht weg, das sich bei mir allem Neuen und Fremden gegenüber einstellt. Gleichzeitig fühlte ich mich aber auch irgendwie verstanden und ernst genommen, und weil die Leute aus meiner Klasse mich sowieso nicht übermäßig lieben, faßte ich zu dem Mädchen langsam Vertrauen.
Es blieb nicht bei dem einen Gespräch. Und weil Ferien waren, trafen wir uns bald täglich. Nun ja, wir mochten beide Bob Marley und Yes, mochten lange Hemden und Ruhe vor den anderen. Wir hörten zusammen die gleiche Musik und entdeckten zusammen Pink Floyd und Amon Düül. Lasen gleichzeitig den *Herr der Ringe* und aßen beide gerne Mohnkuchen. Ich glaube, wir haben irgendwie gleich geträumt, wir hatten gleiche Vorstellungen und Wünsche. Ich liebte das Dorf, sehnte mich aber gleichzeitig nach der großen, weiten Welt, die für mich fünfzig Kilometer entfernt in der nächsten Stadt anfing. Sie vermißte die Stadt, in der sie gelebt hatte, war aber auch gleichzeitig fasziniert von der Ruhe unseres kleinen Ortes, in dem alles noch überschaubar war. Unsere Wünsche und Träume trafen sich genau in der Mitte von dem, was gewesen war, und dem, was vor uns lag. Darüber konnten wir stundenlang reden und was für mich unvorstellbar war – auch gemeinsam schweigen.
Die Sache mit dem Schweigen war aber auch gleichzeitig ein Stück Distanz. Wir kamen uns nicht zu nahe. Jeder von uns hatte noch Flekken, auf die er den anderen nicht sehen ließ. Zum Beispiel die Familie. Immer wenn bei uns im Dorf jemand eine Freundin hatte, war klar, daß sie auch den Eltern vorgestellt wurde und von diesem Zeit-

punkt ein Bestandteil der Familie war. Gemeinsames Kaffeetrinken, gemeinsame Ausflüge, gemeinsame Familienfeiern. Und dann die ewige Fragerei: Wie geht es deinem Vater, was macht deine Mutter, wie läuft es in der Schule? Mir war das zuwider, und sie hatte auch keine Lust, unsere Freundschaft durch ihre Familie absegnen zu lassen.
Es gab auch Geheimnisse, in die der andere nicht einzudringen vermochte. Ich spielte Gitarre und zog mich in jeder freien Minute in eine Ecke zurück, um zu üben. Ich habe ihr oft ein paar Lieder vorgespielt, die ich selbst geschrieben habe, aber es gab auch Tage, an denen ich nur für mich geklimpert habe und mir die verrücktesten Texte ausdachte, die ich für mich behalten wollte. Nicht, weil ich Angst gehabt hätte, sie könnte darüber lachen, sondern weil es Momente gibt, in denen das Reden eine plötzliche Stimmung kaputtmachen kann.

NELE KLEYER

Unentschlossen

Ich geh heute zu Dir
Nein,
Besser morgen,
Oder?

Freust Du Dich?
Soll ich?
Oder vielleicht nicht?

Ich würde Dich gern wiedersehen.
Ich gehe nicht!

Ich möchte aber doch –
Ich vermiss Dich ...

PETER T. SCHULZ

Komm, wir wollen!

aus: Rapunzel. Liebeslieder aus Hansens Haus

Liebes Lied für Doofe

Komm wir wollen alles machen,
wo nur Doofe drüber lachen!

Komm, wir wolln uns an uns schmiegen
und uns dann zusammen wiegen!

Komm, wir wollen küssen üben,
du von hüben, ich von drüben!

Komm, wir wolln in Betten tauchen
und im Tauchbett Ketten rauchen!

Komm, wir wolln die Zähne blecken
und uns dann vor uns verstecken!

Komm, wir wollen mit uns ringen
und dazu im Freistil singen!

Komm, wir wolln die Nase rümpfen
über das unter den Strümpfen!

Komm, wir wollen Ohren beißen
und Herr und Frau Ohrwurm heißen!

Komm, wir wolln uns Zöpfe flechten,
du die linken, ich die rechten!

Komm, wir wolln uns an den Füßen
krabbeln und vom Mäuschen grüßen!

Komm, wir wolln die Augen schließen
und den Augenblick genießen!

Komm, wir wollen alles machen,
wo nur Doofe drüber lachen!

BEI MEINEM AUSSEHN KANN
ICH DOCH NICHT AUSGEHN

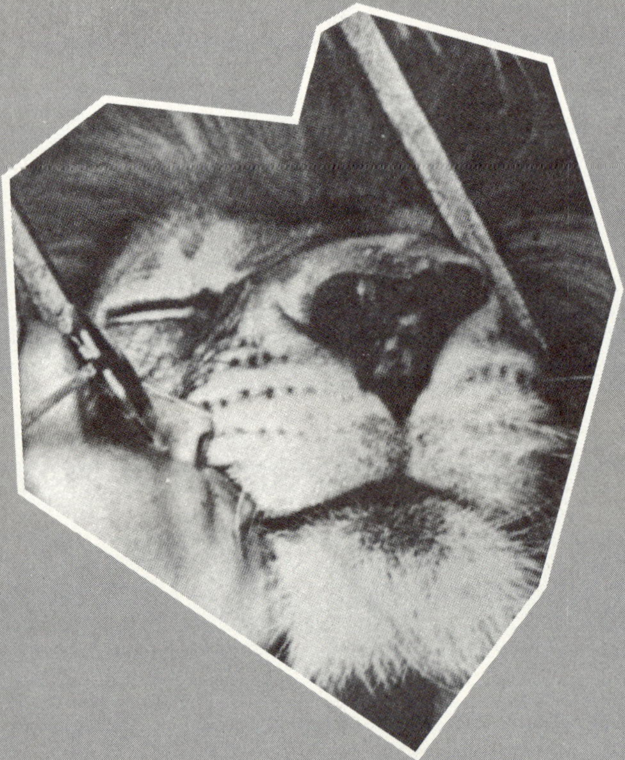

ANDREA

Spieglein, Spieglein an der Wand

Ruth ist meine beste Freundin. Mit ihr kann ich auch über Gefühle oder so etwas reden. Eigentlich wollte ich heute nach der Schule noch ein Eis mit ihr essen. Aber sie hatte keine Zeit für mich – es ist passiert, was ich schon oft befürchtet habe, sie hat scheinbar einen Freund. Vielleicht hat einer ihrer blöden Tricks geklappt.
Ruth hat mir nämlich schon oft gesagt, ich wäre blöd und um einen Jungen anzumachen, gäbe es ganz einfache Methoden. Den Jungen einfach auf der Straße grüßen oder kurz ansprechen, aber das ist ja selbstverständlich und nutzt bei mir nie etwas. Oder ihn in der Pause anrempeln und auf die Füße treten – das finde ich nun wieder nicht die vornehme Art. Auffällige Kleider tragen, eine neue Frisur, sich schminken – als ob es nur auf das Äußere ankäme.
Aber das sagt mein Vater auch immer, sogar der findet mich scheinbar zu langweilig. Ständig will er mir einen Parka oder eine Jeans kaufen. Er nörgelt an mir rum, warum ich immer in meinem Zimmer sitze und lese, er hätte bestimmt nicht einmal etwas dagegen, wenn ich mit meinen 14 Jahren abends in die Disco ginge. Ruth darf nie in die Disco, aber dafür hat sie einen Freund.
Und einen Freund will ich ja schließlich auch. Ihre Nörgelei geht mir zwar auf die Nerven, aber vielleicht haben Ruth und Papa ja recht, und ich sehe wirklich aus wie eine graue Maus und bin viel zu schüchtern. Ruth sagt immer, ich soll mich zusammenreißen, mit Jungen reden wäre doch ganz einfach und ich wäre immer so verkrampft und würde nur Blödsinn erzählen. Tue ich auch. Ich habe immer einen Kloß im Hals und weiß nicht, was ich sagen soll, damit die mich nur ja gut finden. Ich denke immer: Ein falsches Wort, und alles ist aus. Und deswegen sage ich meistens gar nichts.
Mutter ist eigentlich die einzige, die mich ganz normal findet. Sie sagt immer: Bleib wie du bist, oder: Kommt Zeit, kommt Rat. Sicher ist sie bloß froh, daß ich noch brav zu Hause bin.
Es muß doch auch Jungen geben, die stillere Mädchen mögen, die nicht nur nach dem Äußeren gehen. Aber wie findet man die bloß?
Vielleicht mag mich ja der Markus – der fragt mich seit ein paar Tagen dauernd nach der Uhrzeit; aber vielleicht bilde ich mir da auch bloß

schon wieder etwas ein. Jungen gehen ja doch nach dem Aussehen und, man höre und staune, nach der Figur eines Mädchens. Das sieht man ja an Ruth, die sieht vielleicht gut aus – gegen mich.
Immerhin war ich vor einer Woche beim Friseur und habe mir meine langen Haare abschneiden lassen. War bestimmt ein Fehler und überhaupt: so ein Wahnsinn.

Gespräch mit Kirsten

Ich bin 16 Jahre und wohne in einem 8000-Seelen-Dorf bei Kiel an der Förde. Es gibt eigentlich nichts Aufregendes, was ich über mich erzählen könnte: ich habe ziemlich glatte, dunkelblonde Pipi-Haare, die wegen der Dauerwelle jetzt Gott sei Dank nicht mehr so glatt herunterhängen. Weil ich ziemlich stark kurzsichtig bin, muß ich außerdem eine Brille tragen, und damit das auch ein bißchen ausgeflippter aussieht oder alternativer, habe ich mir eine runde zugelegt. Aber ich weiß nicht, ob die Jungen darauf stehen. Viel Erfolg habe ich jedenfalls damit bislang noch nicht gehabt.

Vielleicht liegt es auch daran, daß ich so selten weggehe. In der Schule, da läuft sowieso nichts. Nachmittags sitze ich meistens zu Hause herum, in meinem Zimmer, und da kann mir ja auch schlecht jemand über den Weg laufen. Wenn ich mal in die Stadt gehe, flitze ich auch nur blind durch die Geschäfte, steige danach wieder in den Bus und fahre nach Hause. Das Glück, jemanden kennenzulernen, habe ich bisher einfach noch nicht gehabt.

Im letzten Urlaub hatte ich mal einen Hoffnungsschimmer. Aufgrund meiner eigenen Doofheit lief aber alles schief, und ich könnte mich noch nachträglich dafür ohrfeigen. Ich war mit meiner Schwester in Portugal in einer Eisdiele, und ein paar Jungen haben uns angequatscht. Den einen fand ich sehr nett, aber ich mußte erst mal meine ganzen Englischkenntnisse zusammenraffen, um mit ihm ins Gespräch zu kommen. Das funktionierte dann auch ganz gut, obwohl ich die ganze Zeit Angst hatte, mich mit meiner Aussprache lächerlich zu machen. Eigentlich Blödsinn, denn in der Schule im Englischunterricht habe ich damit überhaupt keine Probleme. Zum Glück bekam auch keiner der Jungen mit, daß ich wie auf heißen Kohlen saß, denn nachdem wir einige Zeit über unsere Lieblingsmusik gesprochen hatten, fragten sie uns, ob wir Lust hätten, mit ihnen tanzen zu gehen.

Vor lauter Freude oder vor lauter Schreck, ich weiß heute nicht mehr, was es eigentlich war – wurde ich stumm wie ein Fisch. Und als mich der Typ, den ich besonders nett fand, ganz lange ansah und wissen wollte, ob ich überhaupt gerne tanze, quetschte ich nur ein einziges Wort heraus, nämlich: Nee. Im selben Augenblick wünschte ich mir, daß sich der Boden auftut und ich darin versinke. Das passierte natürlich nicht, aber ich fand keine Worte mehr, um die Situation zu retten und um ihm klarzumachen, daß Tanzen für mich eine Stimmungssache sei, ich aber große Lust hätte, auf seinen Vorschlag einzugehen. Das Nee stand wie eine Mauer zwischen uns, wir schauten nur noch betreten auf den Boden, und nach einigen belanglosen Sätzen standen die Jungen auf und zogen ab.

Danach war mir vor lauter Ärger auf mich selbst ganz flau im Magen. Meine Schwester war außerdem sauer auf mich, denn nach den letzten langweiligen Ferientagen mit unseren Eltern wäre der Abend in der Discothek bestimmt eine tolle Abwechslung gewesen. Ich raffte dann meinen ganzen Mut zusammen und schlug ihr vor, zu zweit in die Disco zu gehen. Das Glück war mit uns, denn die Jungen aus der Eisdiele saßen schon neben der Tanzfläche und freuten sich offensichtlich, uns wiederzusehen. Obwohl es mir genauso ging, war der Kloß im Magen sofort wieder da. Meine Schwester zischte mir zwar noch wütend zu, daß ich mit meinem Sieben-Tage-Regenwetter-Gesicht selbst die Kellner vergraulen würde, aber es half nichts. Wie eine bleierne Ente saß ich zwischen allen Leuten, die sich amüsierten, und wartete auf mein Schicksal. Das schlug dann auch zu in der Person des netten Jungen aus der Eisdiele, den ich trotz gesenkter Augen auf mich lossteuern sah. Ich bohrte meinen Blick noch angestrengter auf die Spitze meines Schuhs, der mir wie ein Rettungsanker vorkam. Wie durch einen Schleier hörte ich ihn fragen, ob ich Lust hätte, mit ihm zu tanzen. Und – es war mir, als antwortete eine andere Person – ich sagte: «Nein danke, ich habe noch Cola.»

«Alligator Shoes» von Georges Febres, 1934

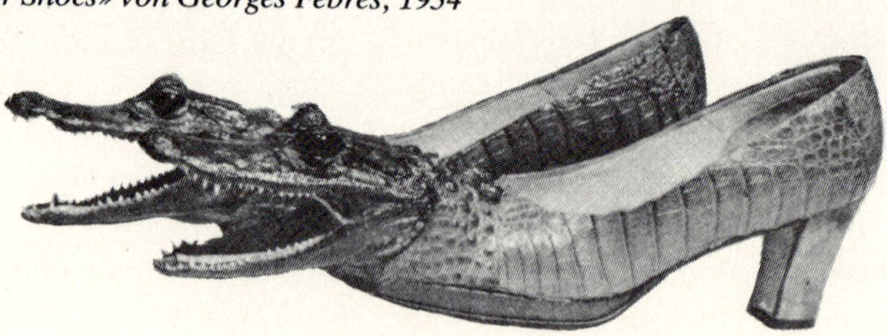

RICHARD L. WAGNER

Darling Ultra ist nicht schön

Darling Ultra ist nicht schön, nicht reich und nicht sexy
die männer sehen an ihr vorbei und keiner träumt von ihr
sie läßt in deinem kopf keinen pornofilm entstehen
und niemand will ihr bild für seine brieftasche

Aber ich steh auf sie, und betrüg sie nie
denn Darling Ultra ist das bunteste mädchen der stadt
sie trägt gelbe socken und silberne schuhe
und rosa petticoats unterm roten rock
und eine bluse auf der Harvard University steht
und in ihrem pferdeschwanz steckt 'ne blume aus papier

Darling Ultra ist nicht schön, nicht reich und nicht sexy
sie hat breite hüften und dicke beine
und 'ne menge pickel im Gesicht
wenn sie modehefte gelesen hat, traut sie sich nicht
mehr auf die straße raus

Aber ich steh auf sie, und betrüg sie nie
denn Darling Ultra ist das bunteste mädchen der stadt
sie hat schwarze kleider wo silbersterne aufgestickt sind
und schuhe die sie fünfzehn centimeter größer machen
und sie hat lippen und augen mit einem schwarzen strich außenrum

Wirklich, das hat sie, das macht sie und das die ganze zeit

Darling Ultra ist nicht schön, nicht reich und nicht sexy
wenn sie redet hört sie nicht mehr auf
wenn sie tanzt muß ich wegschaun
wenn sie sich schminkt kommen wir immer zu spät
und die jungs sagen ich bin blöd mit ihr zu gehen

Aber ich steh auf sie, und betrüg sie nie
denn Darling Ultra ist das bunteste mädchen der stadt

und mam und papa werden nervös wenn sie sehen
wie wir samstags die straße zur discothek raufgehen
Weil Darling Ultra ist das bunteste mädchen der stadt
und ich steh auf sie
Wirklich, so ist das
und das die ganze Zeit

MICHAEL ZEISBERG

Meine Verpackung bestimme ich selbst

Ich arbeite als Lehrling in einem Café der größten Einkaufsstraße Kölns, der Hohe Straße. Jeden Tag gehe ich zweimal an den Geschäften vorbei, und ich muß schon sagen, das wirkt sich ganz schön auf mich aus.

Aus jedem Geschäft, von jedem Bild winkt dir entgegen: Wenn du anderen gefallen willst, dann kleide dich nach der neuesten Mode. Schminke dich mit dem neuen Mittel xy und du bist begehrt. Rauche xy und du stehst im Mittelpunkt. Sexy bist du mit Jeans von ... und Schuhen von ...

Wenn ich das nicht tue, fühle ich mich unvollkommen und mickrig, mit meinem Äußeren mag mich bestimmt keiner. Ich fühle mich klein und häßlich. – Ungeliebt! Ich gehöre nicht dazu!

Das Selbstvertrauen wird immer kleiner, und das ist wahrscheinlich auch der Sinn der Sache.

Das sind alles doch nur leere Versprechungen. Köder, damit wir bestimmte Artikel von bestimmten Firmen kaufen. Nach dem Motto: «Kauf in meinem Laden, und du wirst froh und glücklich. Nicht wunschlos glücklich, weil wir ja sonst nicht mehr an dein Geld herankommen.»

Gespräch mit Kathy Kusanke

Kathy: Schönheit wird uns vorgeschrieben, finde ich! In der Reklame, in der Zigarettenreklame zum Beispiel habe ich noch nie alte Leute gesehen, immer nur junge, 20jährige. Leute, die besonders aufgeputzt sind, die meistens Modeklamotten anhaben, frisch und frei auf der Karibikinsel liegen. Das ist alles nicht so freiwillig und einfach. Uns werden auch viele andere in den Kopf gesetzt, z. B. Brooke Shields. Jetzt gibt es sogar Babypuppen, die so aussehen. Da lernen die kleinen Mädchen schon, daß es ganz toll ist, wenn sie so aussehen.

Damals, als gerade Brigitte Bardot in war, da haben sich die Mädchen so Klammern in den Mund gepiekt, damit die Lippen auch schön weit runterhängen und groß aussehen. Und heute ist Brooke Shields modern, und sie hat genau das Gegenteil: schmale Lippen und kleine Augen. Das ist immer etwas anderes! Als Twiggy modern war, da wollten manche Mädchen auch so aussehen, und viele, die Komplexe

wegen eines zu kleinen Busens hatten, haben sich da plötzlich nichts mehr draus gemacht oder fanden es sogar schön.
Vor 100 Jahren war blaß modern. Heute ist es braun! Damals waren die Leute, die auf dem Feld gearbeitet haben und Bauern waren, von der Sonne gebräunt. Die feinen Leute, die Büroarbeiten gemacht haben, die waren blaß, weil sie ja immer in Häusern waren.
Modern ist glaube ich immer das, was die reichen Leute tun. Heute gibt es nur noch wenige Bauern, und die meisten Leute, die es sich leisten können, mehrmals im Jahr in die Sonne zu reisen, die sind braun, und deshalb ist wahrscheinlich wieder Braun in.
Wenn ich gut gelaunt bin und etwas Schönes erlebt habe, dann gefalle ich mir selbst, bin mit mir selbst zufrieden. Dann kann ich auch gut auf andere Leute zugehen und sie ansprechen. Ich glaube, ich wirke auch auf andere Leute ganz anders, als wenn ich mit miesepetriger Laune herumlaufe.
Es gibt einen Jungen, der sieht eigentlich ganz toll aus, aber wenn er immer so in einer Ecke sitzt, nach unten gebeugt guckt, nicht mit den Leuten redet, dann fällt er mir gar nicht auf.
Ich meine, Schönheit, die kommt mehr von innen, wenn du gut drauf bist, dann wirkst du auch schön.

Gespräch mit Angelika

Angelika: Viele nehmen an, daß Schönheit etwas mit Idealmaßen zu tun hat; aber ich denke, daß das mehr mit Selbstbewußtsein, Sicherheit, Strahlen zu tun hat – wobei das die Frage ist, ob manche Leute nur selbstsicher sein können oder strahlen, wenn sie so aussehen, wie es ihnen die Modezeitschriften und Filme vormachen.
Daß ich heute finde, ich sehe ja blöd aus, ist klar! Erst mal habe ich verschlafen, bin zu spät gekommen, draußen regnet es, und gestern hat mir meine Freundin meine Haare viel zu kurz geschnitten.
Wenn ich mich schlecht fühle, dann denke ich oft, ich habe so dicke Oberschenkel, finde mich überhaupt zu dick. Dann gibt es da auch so Sachen, die ich schön finde, zu denen ich inzwischen auch stehe, ganz

gerne mag, die ich aber früher nicht schön fand, zum Beispiel meine Nase. So ganz früher habe ich nicht darüber nachgedacht. Aber so mit vierzehn oder fünfzehn habe ich mal gehört, wie Tante Else, die übrigens unheimlich häßliche Zähne hat, gesagt hat: Also Angelika ist ja eigentlich ein nettes Mädchen, aber diese Nase! Und da habe ich erst angefangen, meine Nase zu beobachten, und festgestellt, daß sie nicht ganz so normal ist wie andere Nasen auch. Das war eine harte Zeit. Ich habe damals viel in den Spiegel geschaut und sah meine Nase immer mehr wachsen, fand sie viel zu groß und zu lang. Irgendwann kam

dann Lutz Mühlens aus Euskirchen und hat gesagt, das Beste an mir wäre überhaupt meine Nase! Das war der Umschwung! Ich habe begriffen, daß man das von verschiedenen Seiten sehen kann.
Das ist jetzt schon über fünfzehn Jahre her.
So positiv wie mit der Nase habe ich es allerdings mit den Oberschenkeln nicht hinbekommen.
Meine Freundin und ich haben früher fürchterlich viel versucht, um sie schlanker zu bekommen. Wir haben uns Massagehandschuhe gekauft, uns kalt und heiß gebadet, Gymnastik gemacht. Nichts half. Als ich später Geld verdient habe, habe ich im *Spiegel* eine Anzeige gelesen. Dort wurde ein Gerät annonciert, das versprach, sofort meine Sorgen zu beseitigen. Ein Slenderton. Es kostete fürchterlich viel Geld, 1000 DM. Es funktionierte so, daß man Plättchen am Körper anlegen mußte. Diese wurden durch Schnüre mit dem Hauptgerät verbunden, an dem eine Maßskala und Knöpfe waren. Und wenn ich den Strom aufdrehte, fingen die Oberschenkel an zu zucken. Angeblich sollte das die Muskeln in Bewegung setzen. Und dadurch sollte man mit der Zeit kräftige und schlanke Oberschenkel bekommen. Wir haben uns totgelacht! In der Probezeit von drei oder vier Wochen haben wir es überhaupt nur zweimal geschafft, dieses Martergerät anzuschalten, weil es tierisch weh tat, bis wir genau herausfanden, wieviel man sich nun zucken lassen sollte.
Ich weiß nicht, ob ich nicht richtig daran geglaubt habe oder zu faul war, auf jeden Fall habe ich es liegenlassen. Und auf einmal war die Probezeit verstrichen, in der ich es zurückschicken konnte, und ich hatte das Ding am Hals.

AUF DIE DAUER HILFT NUR POWER

STEFAN

Herzklopfen

15.6.
Eigentlich ist es verrückt. Da kenne ich das Mädchen schon lange, sie ist bei mir in der Schule, jetzt auch im Konfirmandenunterricht, und dann kommt sie heute mit einer neuen Frisur in die Konfirmandengruppe, und es trifft mich wie ein Schlag. Plötzlich macht sie unheimlich Eindruck auf mich: Tolle schulterlange Haare, und sie kichert auch nicht dauernd so blöd wie die anderen. Die müßte meine Freundin sein.

16.6.
Ich habe mir heute den ganzen Tag überlegt, wie komme ich an Anemone ran. Wenn ich bloß nicht so ein schüchterner Typ wäre. Ein paar Jungen in meiner Klasse sind viel lockerer als ich, obwohl ich auch immer ganz cool tue. Aber in Wirklichkeit habe ich fast immer einen Riesenbammel. Normalerweise kann ich das überspielen, indem ich den Witzigen herauskehre. Aber bei Anemone bleiben mir bestimmt die Worte weg. Vielleicht stehe ich mir selber im Wege, aber ich sehe mich halt so, daß ich das nicht bringe.

18.6.
Heute im Bus habe ich mich einen Platz hinter Anemone gesetzt. Sie hat mich angeguckt, und mehr war nicht, und die Welt war unheimlich schön. Vielleicht hat sie ja gemerkt, daß ich sie mag, denn ich renne ja auch auf dem Schulhof immer in ihrer Nähe herum. Und morgen rede ich sie an.

20.6.
Verflucht noch mal, ich bin zu blöd, ich schaffe es nicht: aber heute ist sie mir gekommen, die rettende Idee, sie kam aus dem Radio. Im Wunschkonzert im Jugendprogramm werde ich Anemone einfach mit einem Lied grüßen. Mit meinem Lieblingslied, Marliese von Fischer Z. Und damit sie es bestimmt auch hört, nehme ich die Sendungen ab morgen auf Kassette auf und gebe sie ihr dann. Bestimmt wundert sie das. Wenn das nichts hilft ...

22.6.
Das ging aber schnell, heute kam es im Radio: Stefan liebt Anemone. Ich hatte ganz schön Herzklopfen. Aber jetzt kommt erst das Schwierige, wie gebe ich Anemone die Kassette?

22.6. – 12 Uhr
Ich habe vier Stunden lang überlegt, und jetzt hab ich es: ich habe mir alle Worte zurechtgelegt, mit Betonung. Ich gehe einfach in der Pause auf sie zu und sage möglichst beiläufig: Hallo, Anemone, hör dir doch mal diese Kassette an, da ist ein duftes Lied von Fischer Z. drauf, mein Lieblingslied, und außerdem erfährst du da alles über dich und mich. Und dann gehe ich einfach zurück in die Klasse und warte ab.

23.6.
Ich bin die Kassette an Anemone erst nach Schulschluß losgeworden. In den Pausen standen immer zu viele Leute um sie herum, und die machen sich über so was ja doch bloß lustig und verderben einem die ganze Tour. Aber immerhin: ich habe es geschafft, ich habe Anemone die Kassette gegeben. Sie ist ja bestimmt auch irgendwie schüchtern. Anstatt etwas zu sagen, hat sie die Kassette wortlos in die Tasche gesteckt. Aber jetzt müßte sie wenigstens Bescheid wissen. Sie ist ein tolles Mädchen. Aus der Nähe sieht sie noch viel besser aus, und übrigens hat sie leuchtend blaue Augen. Ist ja auch gut, wenn sie nicht unbedingt so ein wilder Typ ist. Aber peinlich war mir die Sache doch ein bißchen, hoffentlich findet sie mich jetzt nicht blöd!

25.6.
Ich habe wohl alles verkehrt gemacht, gestern und heute hat Anemone überhaupt nicht reagiert. Gehört hat sie die Kassette bestimmt. Und ich halte es nicht mehr aus, abzuwarten. Ob ich sie mal anrufen soll? Ich halte es wirklich nicht mehr aus. Ich rufe sie jetzt einfach an, meine Güte, was soll's ... Jetzt bin ich eine Stunde um das Telefon herumgeschlichen. Mir ist zuviel Risiko dabei. Wenn nun Anemones Mutter, Vater oder Bruder drangeht? Ja, kann ich mal Anemone sprechen? Hinterher ist sie in der peinlichen Situation zu erklären, wer ich bin. Und wenn ich sie in eine peinliche Situation bringe, verschlechtere ich meine Lage noch mehr. Und überhaupt ist es vielleicht ja auch gut, daß sie nicht sofort reagiert. Bestimmt überlegt sie sich

die Sache auch ernsthafter. Und wenn sie es sich gut überlegt hat, ob sie überhaupt meine Freundin sein will, ist sie bestimmt so ein Mädchen, mit dem man später über alles reden kann und die einem nicht gleich mit dem Nächstbesten davonläuft. Anemone, Anemone, Anemone.

26.6.
Ich bin schon wieder zu Anemone gegangen – Mann, Mädchen könnten das ja auch mal tun. Ich habe sie gefragt: «Was meinst du denn?» und sie hat nur gesagt: «Och, ich weiß nicht.» Mir hat es die Sprache verschlagen, und ich war irgendwie enttäuscht: sie hätte ja auch mal mehr sagen können. Aber ich bringe es ja auch nicht, wenn ich aus der Situation so wenig machen kann. Die verfluchte Schüchternheit. Aber ich traue mich nicht richtig, weil ich im Grunde Angst habe zu hören: Nein – ich mag dich nicht. Und dann wäre alles aus.

27.6.
Heute hat Jochen zu mir gesagt: «Soll ich dir mal zeigen, wie man die Schnepfe Anemone anmacht? Du kommst ja doch auf keinen grünen Zweig.»
Die Jungen mit ihrer blöden Mackermasche, die kann ich sowieso nicht leiden, ist ja bloß Angeberei. Und eine richtige Freundschaft kommt dabei nie heraus. Und dann haben es diese Idioten auch noch an die Tafel geschrieben: Stefan + Anemone mit einem Herz drum herum und Love dabei. So kommst du dir total verarscht vor. Warum muß man aus allem eine Schau machen? Kann man nicht, so wie man ist, aus sich herausgehen, muß man echt spielen? Mein Brief an Anemone, mein letzter Versuch, liegt noch immer im Physikbuch. Da steht drin, was ich für sie empfinde, klipp und klar. Aber den schicke ich nicht mehr ab ...

Michael: Du kannst dich gar nicht wahllos verlieben, denn irgendwie bist du in einer Clique. Und wenn du jetzt aus einer anderen Clique ein Mädchen gut findest, verknallst du dich nicht in die, weil du einen Ruf hast. Denn wenn du dich jetzt in ein Mädchen verknallst, das die anderen bescheuert finden, dann hast du Angst um die Position in deiner Clique. Das ist eine verdammt schwere Entscheidung, ob du dich jetzt für die Clique oder für das Mädchen entscheidest, für deine Liebe. Du hast auch Hemmungen, denn es gibt auch Leute, die das lustig finden und sich über dich lustig machen.

Brigitte: Man läßt sich so leicht von anderen beeinflussen, wenn die sagen, der ist doof, der zieht sich blöd an, der sieht blöd aus, der ist in der Schule nicht gut und redet immer blödes Zeug. Irgendwie läßt man sich davon beeinflussen, obwohl man ihn eigentlich doch ganz nett findet. Ich finde so ein Argument blöd. Ich meine, wenn man sich in seiner Liebe beeinflussen läßt, dann hat man kein Selbstbewußtsein. Es ist zwar schwer, sich nicht beeinflussen zu lassen, aber man sollte es mal ausprobieren, das zu tun, was man selber will.

Michael: Klar! Aber man hat doch Angst, daß die anderen über einen reden oder daß man seine Freunde verliert – also, daß die Freunde dann sagen, wie kann man nur so blöd sein und die nett finden. Eigentlich suchst du dir deine Freundin gar nicht selbst aus, du läßt sie von deiner ganzen Clique aussuchen, wenn du da wirklich drinbleiben willst. Das ist eine Beeinflussung von außen, von der Umwelt, wie ich eben schon gesagt habe: von der Clique. Wenn die sagt: die ist blöd oder bescheuert, dann hältst du das am Ende für deine eigene Meinung. Dadurch wird deine eigene Meinung ja richtig ins Unterbewußte verdrängt. Das geht dann eine Zeitlang gut, und dann explodiert das irgendwann einmal. Aber wenn du es schaffst, deine Gefühle nicht mehr zu unterdrücken, dann ist dir auch die Clique scheißegal. Nur so findest du deine richtige Liebe. Du bist dann so verliebt und wirst dadurch so stark, daß du auf die Meinung der anderen nicht mehr angewiesen bist.

CHRISTIAN
Kasperletheater

Manchmal rede ich mit meiner Schwester darüber, die ein Jahr älter ist als ich. Seit einem halben Jahr hat sie einen Freund, der sie fast jeden Tag von der Schule abholt und mit dem sie dann händchenhaltend spazierengeht. Wenn ich sie frage, ob sie in ihn verliebt ist, bekommt sie meistens einen roten Kopf und faucht, daß mich das überhaupt nichts angeht. Manchmal kann ich mit ihr aber auch vernünftig darüber reden, und dann erzählt sie mir, daß mehr als Händchenhalten nicht drin ist, weil sie die Herumknutscherei nicht gut findet und mit ihrem Freund mehr eine freundschaftliche Beziehung will.
In meiner achten Hauptschulklasse denken die meisten Mädchen darüber aber anders und verhalten sich auch anders. Sie suchen sich ältere Jungen von sechzehn bis achtzehn und geben dann mit ihren Erlebnissen an. Wie Tina zum Beispiel. Für sie sind alle Jungen aus unserer Klasse uninteressant. Sie findet uns kindisch und albern und sagt es uns auch ins Gesicht. Anders ist es mit den Jungen aus der zehnten Klasse. Tina weiß genau, wann sie Schulschluß haben, und kommt sich auch nicht blöd vor, jeden Tag vor ihrer Klasse zu warten. Das geht schon so weit, daß sich selbst die Jungen darüber lustig machen, aber das ist Tina egal. Wenn sie es mal schafft, mit einem von ihnen zu sprechen, dann erzählt sie am nächsten Tag in unserer Klasse wieder von einem neuen Freund, den sie gerade aufgegabelt hat.
Vielleicht kann ich als dreizehnjähriger Junge noch nicht verstehen, was da abläuft, aber trotzdem finde ich es nicht gut. Denn wenn man, so wie ich, versucht, mit einem Mädchen aus der Klasse Freundschaft zu schließen, heißt es sofort *die doofen Jungen*. Dabei suche ich doch nur eine Freundin, mit der ich reden kann und die die gleichen Interessen hat wie ich. Ich interessiere mich nun einmal nicht dafür, wer mit wem rummacht, sondern für Tiere, Natur und Umweltschutz. Damit komme ich allerdings bei meinen Klassenkameradinnen nicht an. Über ernste Themen kann ich mit ihnen einfach nicht vernünftig reden. In deren Köpfen spukt nur herum, wie sie sich am besten einen Jungen angeln können. Aber einen älteren wohl.
Auf unserer letzten Klassenfahrt waren in der Jugendherberge natürlich auch ältere Schüler. Einige Mädchen aus meiner Klasse versuch-

ten sofort am ersten Tag, mit ihnen anzubandeln. Das ging schon beim Abendessen los. Sie saßen mit roten Köpfen vor ihrem Leberwurstbrot, tuschelten miteinander und warfen bedeutungsvolle Blicke auf den Nebentisch, an dem die älteren Jungen saßen. Die ließen sich erst einmal nicht auf das Kasperletheater ein, murmelten etwas von blöden Gänsen und bemühten sich, möglichst cool und unbeteiligt auszusehen. Eine von ihnen ging in ihrer Aufdringlichkeit sogar so weit, daß sie den Jungen Nachschub vom Essen mitbrachte. Irgendwann fühlten sich natürlich auch die Jungen durch so viel Aufmerksamkeit geschmeichelt und ließen sich auf ein Gespräch ein, aber geredet wurde dabei eigentlich gar nicht so viel. Der Kontakt bestand darin, daß sie ihre Wurstsorten austauschten.

Ich habe dann ein paarmal dazwischengemotzt, ob sie sich nicht lächerlich vorkämen. Aber damit handelte ich mir nur verächtliche Blicke ein und die Bemerkung, ich sei noch zu klein und unerfahren, um zu verstehen, was zwischen Mädchen und Jungen nun mal abläuft. Zum Glück mußte ich mir nicht mit anhören, wie sie später in ihren Zimmern ihre großartigen Erlebnisse austauschten. Aber beim Frühstück, am nächsten Morgen, spielten sie sich natürlich groß auf und gaben damit an, einen Freund zu haben. Und darüber wurde dann auch noch gekichert wie in der Grundschule. Und das Schönste war: von der Jungenklasse war weit und breit keiner zu sehen, die waren nämlich schon, wie sich später herausstellte, am selben Morgen abgereist.

Wenn so etwas passiert, komme ich mir manchmal wie ein Außenseiter vor, so, als ob ich irgendwie nicht dazugehöre. Und komischerweise fühle ich mich dann nicht klein und unerfahren, was die Mädchen aus meiner Klasse mir an den Kopf geworfen haben, sondern uralt. Dabei bin ich mit meinen dreizehn Jahren noch einer der Jüngsten aus der Klasse.

GISELA CORVES

Dornröschen sieht rot

Soll das denn immer so weitergehen? Dornröschen sprang aus dem Bett, rieb sich die schlafmüden Augen und riß das Fenster zum Schloßhof weit auf. Seit fast einem Jahr der gleiche Anblick! Was sie einst hatte aufatmen lassen, war jetzt sterbenslangweilig: das ganze Schloß schlief. Die Pferde im Stall, die Hunde im Hof, die Tauben auf dem Dach, die Fliegen an der Wand, der Koch, der dem Küchenjungen eine Ohrfeige geben wollte, weil er vergessen hatte, die Suppe zu salzen. Sogar der Porsche stand immer noch mit aufgeklappter Motorhaube an der gleichen Stelle, und ihr Lieblingschauffeur stand mit seinem Schraubenschlüssel daneben und schnarchte.

Verflixte Feen! Dornröschen unterdrückte ihren Wutanfall, der sie jedesmal überkam, wenn ihr die eigene Kindtaufe einfiel. Nur weil der eigene Vater – geizig wie er war – sich geweigert hatte, einen dreizehnten goldenen Teller zu besorgen, wurde das ganze Königreich von einer Tiefschlafphase heimgesucht. Je länger Dornröschen über die Situation nachdachte, desto besser konnte sie sich in die Lage der Fee hineinversetzen, die wegen des besagten dreizehnten goldenen Tellers nicht eingeladen worden war und sich mit ihrem Taufgeschenk rächen wollte. Den Tod hatte sie ihr und ihren Eltern sogar gewünscht, aber die Fee Abrakadabra hatte es noch geschafft, dieses vernichtende Urteil in einen hundertjährigen Schlaf umzuwandeln.

Die weisen Frauen hatten die Rechnung allerdings ohne Dornröschen gemacht. Da allgemein bekannt war, daß der Kuß eines verwunschenen Königssohns das Unglück auslösen sollte, hielt sie sich von allem fern, was irgendwie männlich aussah oder auch nur entfernt die Gestalt eines verzauberten Prinzen haben könnte. Von Jacob und Wilhelm Grimm hatte sie gelernt, daß vor allem Frösche für ihre Verwandlungskünste berühmt sind, und demzufolge ließ sie sich beim Wassertreten auf feuchten Wiesen auf keinerlei Anmachversuche ein. Es war schon ein hartes Los!

Unvorsichtig war hingegen die eigene Mutter. Sie vertraute blind ihrem Gärtner, der ihr klarzumachen versuchte, daß die Anwesenheit von Fröschen für das ökologische Gleichgewicht der riesigen Schloßgärten unerläßlich sei. So kam es, daß die Königinmutter für die erste offizielle Krötenwanderung im Frühjahr den Zufahrtsweg zum Schloß sperren ließ und einen der Chauffeure, der es gewagt hatte, einen Frosch zu überfahren, mit Schimpf und Schande davonjagte.

Dornröschen war gerade fünfzehn Jahre alt, als die Königinmutter, blind überzeugt von der Nützlichkeit der Frösche, dem verletzten Tier erste Hilfe leisten wollte. Kaum jedoch hatte sie den Schenkel gegipst, verwandelte sich der Frosch in einen Königssohn mit stechenden Augen, der sich bei ihr das holte, was die Tochter bislang verweigert hatte: den ersten Kuß.

Gleich nachdem er seinen Auftrag ausgeführt hatte, ging der Zauberspruch in Erfüllung, und das gesamte Schloß fiel in einen tiefen Schlaf. Zum Glück hatte Dornröschen an diesem Abend, an dem sich die schreckliche Prophezeiung erfüllte, einen Aerobic-Kurs in der nahe liegenden Stadt besucht. Als sie das Burgtor hinter sich zuklappen hörte, stellte sie gelähmt vor Entsetzen fest, daß ihr das Schicksal zuvorgekommen war.

Was tun? Rings um das Schloß begann die Dornenhecke zu wachsen, die jeden Monat höher wurde. Zunächst konnte Dornröschen ihre Freiheit noch in vollen Zügen genießen. Weg von den Erziehungsversuchen der Eltern, weg von dem lästigen Hofmeister, der ihr immer wieder, wenn's um die erste Liebe ging, klarzumachen versuchte, wie albern Adam und Eva sich mit dem Apfel benommen hätten. Je länger sie alleine war, desto mehr spürte sie jedoch ein sahniges Ziehen im Bauch, das immer heftiger wurde. Ruhelos wanderte sie in ihren Räumen umher. Selbst in einen Frosch hätte sie sich in ihrem momentanen Zustand auf der Stelle verliebt.

Der Rest der Welt glaubte natürlich, daß sich auch Dornröschen im hundertjährigen Schlaf befände, und so kam es, daß die Jünglinge im ganzen Land durch die Hecke in das Schloß dringen wollten, um sie zu erlösen. Es war ihnen aber nicht möglich, denn die Dornen, als hätten sie Hände, hielten fest zusammen, und die Jünglinge blieben darin hängen. Dornröschen hörte ihre verzweifelten Schreie in ihrem einsamen Turmzimmer, und je mehr eines jämmerlichen Todes starben, um so größer wurde ihre Sehnsucht nach einem Jüngling und dem Zauber des ersten Kusses, den ihr die dreizehnte Fee so gründlich ausgetrieben hatte.

«Neue Männer braucht das Land» wurde an jenem Morgen gerade im

Radio gespielt, als Dornröschen beschloß, der sterbenslangweiligen Atmosphäre im Hofstaat ein Ende zu bereiten. Wenn schon die liebeshungrigen Jünglinge in den Hecken hängenblieben, dann mußte sie eben selbst versuchen, das undurchdringliche Dickicht zu überwinden. Schließlich konnte sie die beste Zeit ihres Lebens nicht damit verbringen, die anderen beim Schlafen zu beobachten. Und 99 Jahre lagen noch vor ihnen, eine endlose Zeit!
Nun zeichneten sich die Verhaltensweisen bei Hofe aber gerade dadurch aus, daß keiner dem anderen zuhörte. Auf der besagten Kindtaufe hatte die gute Fee die bösen Wünsche nämlich nicht in eine hundertjährige, sondern in eine einjährige Tiefschlafphase abgewandelt. Und diese Zeit war gerade vorbei. So kam es, daß Dornröschen sich nicht wie im Märchen in den erstbesten hergelaufenen Prinzen verlieben mußte, der auf Grund seiner Ausdauer zufällig als erster das Dorngestrüpp überwand und dann auch noch so schüchtern war, daß er sie nur im Schlaf küssen konnte, sondern sie hatte die Qual der Wahl. Die gerade aus dem Tiefschlaf erwachte Männerwelt des Hofes lag ihr zu Füßen, und die Jünglinge, die kurz vorher noch in den Hekken hingen, durchschritten mit zitternden Knien die endlosen Alleen des Schloßparks und fragten sich, wem Dornröschen wohl ihre Gunst schenken würde. Dornröschen küßte alle. Prinz Eisenherz und Schnauzbart-Kalli, Robin Hood und Keuschheits-Kurt. Schließlich wollte und konnte sie nach dem ersten Kuß nicht entscheiden, wer wirklich der Mann fürs Leben war.

Gespräch mit Tüley

Tüley erzählt: Ich bin Türkin und lebe mit meinen Eltern seit sechs Jahren in Deutschland. Als wir hierherkamen, war ich acht Jahre alt. Komisch war am Anfang alles: die Leute, die in einer fremden Sprache redeten und sich hinter verschlossenen Türen und Gardinen versteckten. Die großen Supermärkte, in denen ich angemeckert wurde, wenn ich das Obst oder Gemüse aus der Plastikverpackung nahm, um zu fühlen, ob es noch frisch ist. Und meine Klassenkameradinnen, die in Jeans und kurzen Röcken laut lachten, wenn Jungen vorbeikamen, anstatt ihren Blick auf den Boden zu richten.
Meine Eltern sind immer ganz sicher, daß wir eines Tages in die Tür-

kei zurückkehren. Ich glaube nicht mehr daran. Auch wenn ich manchmal Heimweh bekomme, weil ich mich in diesem Land immer noch fremd fühle. Manchmal bin ich ganz durcheinander. Und dann wünsche ich mir jemanden, mit dem ich über alles reden kann, was mich bedrückt. Mit meinen Eltern geht das nur bis zu einem gewissen Punkt. Sie haben zwar mittlerweile begriffen, daß ich mich auch so anziehe wie meine Klassenkameradinnen und nicht mehr mit Kopftuch herumlaufe und Rock und Pumphose darunter. Aber wenn ich, wie die anderen Mädchen auch, zu einer Fete oder ins Kino oder ins Schwimmbad gehen will, lassen sie sich nicht erweichen. Dann kommt die alte Leier mit der Rückkehr in die Türkei und daß ich keinen Mann mehr abbekomme, wenn es herauskommt, wo und wie ich mich überall herumgetrieben habe. In solchen Situationen wiederholt mein Vater dann regelmäßig die Geschichte aus unserem Dorf in der Türkei, wo ein Mädchen Selbstmord begangen hat, weil sie beim Überqueren eines Baches ihre Pumphose verloren hat und dabei von einem Jungen gesehen wurde.
Vater ist mit seinen Ansichten, was sich für ein Mädchen gehört, unerbittlich. Wenn wir uns streiten, ist Mutter meistens dabei und schweigt. Vielleicht kann sie ja ein bißchen verstehen, was in mir vorgeht, aber sie hat Angst vor Vater und würde es nie wagen, sich auf meine Seite zu stellen.
Zum Glück gibt es noch Sabine, mit der ich seit drei Jahren in dieselbe Klasse gehe und mit der ich auch befreundet bin. Ich kann ihr fast alles erzählen, nur durch das Reden allein kann ich ihr auch nicht begreiflich machen, was in unserer Familie los ist. Ganz oft, wenn wir zusammen irgendwo hingehen wollen, müssen wir es heimlich tun. Aber wenn dann noch Jungen dabei sind, habe ich eine Riesenangst, daß ich von irgend jemandem gesehen werde. Einmal, nachmittags in der Eisdiele, in der wir mit zwei Jungen unserer Klasse saßen, kam ein Freund meines Bruders vorbei. Er sah mich nur böse an, drehte sich auf der Stelle um und ging wieder weg. Als ich eine halbe Stunde später nach Hause kam, schrie mich mein Vater wütend an, seiner Ohrfeige konnte ich nicht mehr ausweichen, weil mich mein Bruder festhielt und laut brüllte, daß er keine Schwester haben wollte, wegen der er sich schämen müsse. Stunden später wußten fast alle unsere Nachbarn, was passiert war, und die anderen türkischen Eltern warnten ihre Töchter vor dem Umgang mit mir.

Ich begreife manchmal selber nicht, wozu das ganze Theater stattfindet. Wie soll ich es also meinen deutschen Freundinnen und Freunden erklären? Was soll ich Dieter sagen, der auch in meiner Klasse ist und den ich sehr nett finde? Bis jetzt hat er mir immer geduldig zugehört, wenn ich ihm erzählt habe, warum meine Eltern mich nicht mit ihm allein lassen. Aber ein paarmal hat er in letzter Zeit auch darauf bestanden, daß wir wenigstens mal zusammen ins Kino gehen, und hat mich als feige bezeichnet, wenn ich es nicht schaffe, einfach abzuhauen. Wenn das so weitergeht, verliert er ganz bestimmt bald sein Interesse an mir. Und die Gefühle, die ich für ihn habe, muß ich auch ganz gewaltsam hinunterschlucken, denn ich habe unendliche Angst davor, daß aus der Freundschaft mehr werden kann, daß ich eines Tages vielleicht sogar mit ihm schlafe. Dabei wird mein Bauch ganz warm, wenn ich daran denke, und für kurze Zeit gelingt es mir manchmal auch, die lästigen Gedanken fortzuscheuchen, die sich mit dem Kribbeln im Bauch gleichzeitig einstellen.
In der Türkei – auf dem Land – ist das nämlich so: ein Mädchen wird nur geheiratet, wenn es noch Jungfrau ist. Und weil die Männer das Recht haben, das auch nachzuprüfen, muß das Mädchen in der Hochzeitsnacht mit dem Bräutigam auf einem weißen Bettuch schlafen. Am nächsten Morgen wird das Bettuch ausgehängt, und die Verwandten können sich davon überzeugen, ob das Mädchen noch Jungfrau war oder nicht. Ist auf dem Bettuch ein roter Fleck, wird sie gefeiert und in die Familie des Mannes aufgenommen. Hat die Hochzeitsnacht keine Blutspuren hinterlassen, wird sie mit Schimpf und Schande davongejagt und von den anderen verachtet.
Auch wenn ich nicht mehr daran glaube, daß wir in die Türkei zurückkehren und ich in eine solche Situation kommen könnte: die Angst davor, mit einem Jungen zu schlafen, sitzt tief in mir. Wenn meine Eltern besonders sauer auf mich sind, drohen sie mir damit, daß sie in der Türkei schon einen Bräutigam für mich ausgesucht haben und daß mir nichts übrigbleiben wird, als einen Jungen zu heiraten, den ich bislang kein einziges Mal gesehen habe. Ich werde dann jedesmal fuchsteufelswild, aber gleichzeitig fühle ich mich total allein und wünsche mich auf den Mond, wo es keine Regeln gibt, die einem das Leben schwermachen.

MARI STELLA ANGIONI

Eine ganz normale Liebesgeschichte

Susanne (achtzehn Jahre) und Pietro (achtzehneinhalb Jahre) sind schon seit vier Jahren fest zusammen. Pietro ist Italiener. Er kommt aus Sizilien und lebt seit acht Jahren in Köln. Susanne ist in Köln geboren. Die beiden lernten sich in einem Jugendheim kennen, und seit vier Jahren verbringen sie dort jeden Abend, um nicht zu Hause vor der Glotze hängen zu müssen. Susanne hat eine Lehrstelle, Pietro ist arbeitslos.

Susanne: Also meine Eltern, die sehen es gar nicht so gerne, daß ich mit Pietro zusammen bin. Aber schließlich bin ich schon volljährig, und da kann ich doch machen, was ich will. Oder? Die erste Zeit, als wir zusammen waren, habe ich es meinen Eltern verheimlicht. Ich war ja auch noch jünger, und außerdem – Pietro ist Ausländer. Na ja, ich wußte auch nicht so recht, was meine Eltern davon halten. Später haben sie es dann irgendwie erfahren, und meine Mutter hat mir gleich eine Predigt gehalten: Ich solle ja aufpassen wegen der Schule, den Nachbarn und mir vor allem ja kein Kind andrehen lassen und so weiter und so weiter. Das übliche halt. Außerdem hat sie lange darauf herumgehackt, warum es ausgerechnet ein Italiener sein soll. «Gibt es denn nicht genug nette deutsche Jungen?» war einer ihrer Lieblingssprüche. Später dann, als sie ihn kennenlernte, fand sie ihn ganz in Ordnung.

Pietro: Ach was, deine Eltern fanden mich nie sympathisch. Du hast mir doch selbst erzählt, daß sie immer über mich hergezogen haben und dir Vorwürfe gemacht haben, von wegen Ausländer und so.

Susanne: Gut, sie lieben dich nicht gerade. Aber was ist mit deinen Eltern? Die lassen mich doch nicht einmal mehr in eure Wohnung, seitdem deine Mutter weiß, daß ich die Pille nehme. Dabei kann sie sich doch denken, daß nach vier Jahren irgendwann *was passiert*. Überhaupt – deine Eltern haben mich nie akzeptiert und werden es auch nie tun. Die denken doch, alle deutschen Mädchen wären Huren oder so, weil sie schon früh anfangen, Freunde zu haben.

Wo trefft ihr euch denn, wenn ihr zu Hause bei euren Eltern nicht gern gesehen werdet?

Pietro: Och, das ist unterschiedlich. Meistens abends in der OT (Offene Tür). Sonst, wenn meine Eltern mal nicht da sind, bei uns oder wenn ihre Eltern nicht da sind, bei ihr. Manchmal auch bei Freunden.

Susanne: Das ist ja das Problem! Wir sehen uns jeden Tag und jeden Abend, aber richtig ungestört und alleine sein können wir nicht. Überhaupt ist das alles blöd. Seitdem ich mit Pietro zusammen bin, werden meine Eltern immer strenger. Und wenn ich ihnen mit der Volljährigkeit komme, dann heißt es nur, solange du von unserem Tisch ißt... undsoweiter.
In der Woche darf ich nur bis 22 Uhr weg, von wegen der Schule und jetzt wegen der Lehre, und am Wochenende höchstens mal bis 23 Uhr. Pietro kann kommen und gehen, wann er will. Abends bringt er mich nach Hause, und dann geht er weiter, in Kneipen, Discos oder zu Freunden. Für mich ist das auch blöd. Ich muß zu Hause hängen, und er amüsiert sich.

Pietro: Was willst du denn? Soll ich etwa zu Hause vor der Glotze hängen, nur weil du um 22 Uhr schon zu Hause sein mußt?

Susanne: Du könntest auch mal früh ins Bett gehen und morgens früh aufstehen, um Arbeit oder eine Lehrstelle zu finden. Meine Eltern haben mir schon angedroht, daß es Schwierigkeiten gibt, wenn das mit deiner Arbeitslosigkeit so weitergeht. Meine Mutter hat mir gesagt, ich soll mir mal überlegen, wie es später aussieht, wenn du keine Arbeit hast. Soll ich etwa arbeiten, um uns durchzubringen, falls wir überhaupt zusammenbleiben?

Pietro: Du weißt genau, wie schwierig es geworden ist, Arbeit zu finden. Und du weißt auch, daß ich mich bemühe. Aber als Ausländer ist es schwerer, wenn Tausende von Deutschen auch Lehrstellen suchen. Was soll ich denn machen?

Susanne, wie ist das eigentlich: Spürst du außer bei dir zu Hause auch anderswo, daß die Leute anders zu dir sind, weil du mit einem Ausländer zusammen bist? Was halten deine Freunde davon?

Susanne: Also Freunde habe ich keine. Nur Italiener. Alles Freunde von Pietro. Seitdem ich mit ihm zusammen bin, habe ich kaum Kontakt zu Deutschen.

Und wie ist oder war es in der Schule?

Susanne: In den letzten beiden Klassen sehr beschissen. Die meisten haben mir wenig zu sagen. Ich ihnen übrigens auch nicht. Ich hab mich auch schon mal mit einem Mädchen in der Klasse gezankt, so richtig geschlagen, weil sie mich als Itaker-Schlampe bezeichnet hat. Ich weiß, daß mich die meisten nicht mögen, aber sie lassen mich jetzt in Ruhe, denn wenn sie mir noch mal was tun, kriegen sie es mit Pietro und seinen Freunden zu tun.

Wie ist es bei dir, Pietro? Hast du Probleme wegen deiner deutschen Freundin?

Pietro: Bei Freunden nicht, die sind ja selber alle mit deutschen Mädchen zusammen. Zu Hause ... das ist eine ziemlich schwierige Sache. Eigentlich haben meine Eltern nichts dagegen, daß ich eine Freundin habe. Mein Vater sagt ja auch immer, ich soll Erfahrungen sammeln. Ich glaub, meine Eltern, besonders meine Mutter, bekommen Angst, weil wir schon zu lange zusammen sind. Mutter hat Angst, Susanne könnte mich dazu bringen, sie zu heiraten.

Susanne: Jetzt mach aber mal 'nen Punkt! Erstens gehören immer zwei dazu, und zweitens, wenn wir uns gern haben und beschließen zu heiraten, ist das unsere gemeinsame Sache. Was denkt sich deine Mutter eigentlich, ich kann dich doch dazu nicht zwingen.

Pietro: Egal, jedenfalls denken meine Eltern so. Sie möchten, daß ich eine Italienerin heirate, weil wir auch in einem dreiviertel Jahr zurück nach Italien wollen. Also, meine Eltern wollen zurück.

Susanne: Eben! Und weil sie dich auch mitschleppen wollen, sollst du dich auf keinen Fall binden. Bist du überhaupt gefragt worden?

Wie ist das: Leidet eure Beziehung unter diesen Schwierigkeiten? Streitet ihr euch oft deswegen?

Susanne: Also Streitereien haben wir oft. Es ist aber auch alles wie verhext! Irgendein Anlaß ist immer da. Wenn meine Eltern wieder einmal gemeckert haben, daß er zu faul ist, Arbeit zu suchen und so, dann kommt mir der Ärger hoch, wenn ich ihn abends in der OT sehe. Dann braucht nur eine Kleinigkeit schiefzugehen, und schon explodiere ich.

Pietro: So ist das nämlich! Sie wird zu Hause von ihren Eltern aufgestachelt, und wenn wir uns dann sehen, ist sie schon auf hundertachtzig. Immer zanken wir uns wegen der anderen. Genauso wirft sie mir dauernd vor, sie hätte wegen mir keine Freunde mehr. Ich habe ihr nicht verboten, Freunde zu haben. Daß die nichts mehr mit ihr zu tun haben wollen, ist nicht mein Problem.

Susanne: O doch! Es ist auch dein Problem. Als ich anfangs noch Freunde hatte und dir vorschlug, öfter auch gemeinsam was mit meinen Freunden zu machen, wolltest du nicht. Die waren dir alle zu langweilig. Du wolltest lieber mit deinen Italienern zusammensein. Denkst du, mir war es nicht manchmal langweilig? Mit dir alleine sein kann ich auch nicht. Dauernd kreuzt irgendwer auf. Dann redet ihr sowieso nur italienisch, und ich steh da wie der Ochs vor dem Berg.

Was denkt ihr, wie ihr eure Probleme bewältigen könnt? Wie stellt ihr euch eure Zukunft vor?

Susanne: Also, wenn Pietro Arbeit findet, wäre schon viel gewonnen. Dann hörten wenigstens meine Eltern auf zu meckern, und wir hätten auch ein bißchen mehr Geld. So müssen wir jeden Abend in die OT gehen, weil es billiger ist.

Pietro: Selbst wenn ich Arbeit finde, hört dein Vater bestimmt nicht auf. Der findet noch etwas anderes, was ihm nicht paßt. Du wirst es sehen! Mir würde es schon reichen, wenn du aufhörst, mir Vorwürfe zu machen. Ansonsten läuft es doch gut so – oder nicht? Schließlich sind wir noch jung und können noch viel erleben. Wer weiß schon, was in zwei oder zehn Jahren sein wird?

Susanne: Eben – wer weiß? Ich habe jedenfalls keine Lust, mir meine Zukunft kaputtzumachen. Ich will schließlich auch irgendwann mal heiraten und Kinder kriegen. Und wenn es so weitergeht, daß du auch nicht weißt, was du willst, und ewig arbeitslos bleibst, muß ich mir gründlich was überlegen.

Pietro: Was meinst du damit? Dir was überlegen? Willst du Versprechungen von mir, die ich nicht halten kann?

Susanne: Nein, aber daß du ein wenig mehr über uns nachdenkst und dich auch gegenüber meinen Eltern durchsetzt. Mich auch mal verteidigst, wenn sie über mich herziehen.

Pietro: Ich verteidige dich, keine Angst. Aber du weißt ganz genau, daß weder du noch ich zu Hause einen großen Krach veranstalten können. Wenn uns die Alten rausschmeißen, was machen wir dann? Ich ohne Arbeit und du mit dem bißchen Lehrgeld? Hast du auch schon mal daran gedacht?

In deinem Alter. Gespräche

Heike: Mein Vater hat zu mir gesagt: Du weißt ja nicht, wie weit du in deinem Alter gehen darfst! – Ich soll auch immer das Licht abends in meinem Zimmer anlassen, damit die Nachbarn nicht wer weiß was denken! Meine Eltern haben mich nie aufgeklärt, sie haben nie mit mir über solche Sachen gesprochen. Dann auf einmal merken sie, daß ich erwachsen werde, und bekommen Angst. Sie haben Schiß, darüber zu reden, sie fragen mich auch nicht: Sag mal, schläfst du mit dem? Auf der einen Seite verbieten sie mir etwas, auf der anderen Seite unterstellen sie aber, daß ich mich darüber hinwegsetze und es doch tue.

Sabine: Meine Mutter ist da ziemlich freizügig, Stefan darf auch bei mir schlafen. Meine Oma, die ist da ganz anders. Sie fragt mich alle paar Monate: Sabine, bist du noch ein sauberes Mädchen? Paß auf, Sabine, die Jungen in dem Alter, die haben eine starke Potenz. Die drängen dich dann zu Sachen, die noch gar nichts für dich sind.
Es wird getan, als ob wir Mädchen überhaupt keine Bedürfnisse hätten. Ich habe mal meine Oma gefragt: Warst du noch Jungfrau, als du geheiratet hast? Ja! Und der Opa? «Na ja, der war ja älter. Der Mann muß schon Erfahrungen haben und wissen, wie das geht!» sagt sie da zu mir.

Christiane: Nachdem wir zusammen im Urlaub in Portugal waren, durfte ich bei Stefan schlafen. Vorher mußte ich immer um vier Uhr früh zu Hause sein. Als ich dann vor einem Monat achtzehn geworden bin, durfte ich auch wegbleiben, da haben meine Eltern nichts mehr gesagt.

Norbert: Meine Eltern haben sich nicht darum gekümmert. Sie haben mir da nicht reingeredet. Als ich sechzehn wurde, bin ich einfach weggeblieben. Da hat keiner etwas dagegen gesagt.

Stefan: Wenn ich so um zehn nach Hause komme, liegen sie sowieso im Bett.

Juttas Vater erzählt

Da kam Jutta auf einmal mit einem Jungen an, und das war doch ziemlich neu und überraschend für mich. Aber ganz so problematisch war es dann doch nicht, denn sie hat ihn mir gleich vorgestellt. Und so hatten wir uns das ja auch immer gedacht. Für uns war es ja auch immer sehr wichtig zu wissen, mit wem unsere Tochter so umgeht. Es passiert hier ja schließlich eine ganze Menge. Also, ich habe immer darauf gedrungen, daß meine Tochter mir ihre Bekannten, ob Jungen oder Mädchen, vorstellt. Ich als Vater habe dann doch ein sicheres Gefühl. Das hat sie dann auch bei ihrem ersten richtigen Freund gemacht. Und den Harald fand ich eigentlich ziemlich nett.

Aber: wie stellt man als Vater fest, ob so ein Junge wirklich der Richtige für die Tochter ist? Nach oberflächlichen Gesichtspunkten sollte man da nicht gehen. Was die Kleidung angeht, haben die jungen Leute ja heute ihren eigenen Stil, hatten wir ja eigentlich auch. Das äußere Erscheinungsbild stimmt wohl oft nicht mit meinen Vorstellungen überein – da muß man schon mal einen Kompromiß machen. Aber trotzdem: ich halte es so – ein kleines bißchen erfreulich sollten die jungen Leute doch aussehen, mit denen meine Tochter Umgang hat. Ein gewisses Maß an Sauberkeit, ein gewisses Maß an Aufrichtigkeit im Blick und vor allem ein fester Händedruck. Das sind die Dinge, auf die ich doch ein kleines bißchen Wert lege, und diesen Vorstellungen entsprach Harald eigentlich so ungefähr.

Gespräch mit Sebastian

Sebastian: Meine Eltern sitzen im Wohnzimmer. Mein Vater im Sessel, Mutter auf dem Sofa. Die Tür geht auf, ich komme mit meiner Freundin herein. Sie, gut gekleidet, ich gekämmt, frische Hose! «Darf ich euch meine Freundin Gudrun vorstellen? Gudrun, das sind meine

Eltern.» «Angenehm», sagt meine Mutter. Sie reichen Gudrun die Hand und bitten sie, sich zu setzen, auf das Sofa, neben meine Mutter. So haben sich meine Eltern wohl vorgestellt, meine erste Freundin kennenzulernen. Es lief aber ganz anders.

Ich habe sie nicht wie einen Tanzbären an der Kette vorgeführt, sondern bin mit ihr, als sie das erste Mal bei uns war, direkt in mein Zimmer gegangen.

Das ging meinen Eltern restlos über den Strich.

Der Bruch zwischen ihnen und mir kam später.

Meine Schwester, meine Freundin und ich wollten abends ins Jugendzentrum am Rhein gehen. Nachmittags hatten Bettina, Gudrun und ich zusammen auf meinem Zimmer Mensch-ärgere-dich-nicht gespielt.

Ich habe die Angewohnheit, wenn ich weiß, daß es abends spät wird, dann mache ich schon mal mein Bett. Ich habe das an diesem Tag auch gemacht, bevor wir gingen, wie immer. Als ich spätabends zurückkam, stand meine Mutter da und meinte nur: «Georg, was hast du mir

da angetan!» Ich wußte erst gar nicht, was sie meinte: «Das verzeihe ich dir nie!»
«Was ist los?» Ich wußte nicht, worum es ging. Sie schaute vorwurfsvoll auf das Bett. Ich guckte auch darauf. «Ach Quatsch!» meinte ich.
«Ich möchte davon nichts mehr hören, das hat ein Nachspiel!» sagte sie und marschierte wie eine Wilde hinaus. Ab da fingen meine Eltern an, die ganze Beziehung, die ich zu meiner Freundin hatte, niederzumachen. Sie fingen an, sie Stück für Stück zu zerlegen. Wenn ich zu ihr wollte, ging es so: «Was machst du bei ihr? Wieso weißt du das nicht? Sei bald wieder da!» Jeden Tag. – Sie hatten Angst, daß ich mit einem Mädchen schlafe, und waren selbst zu feige, mit mir über Sexualität zu sprechen. Sie haben immer zu mir gesagt: «Georg, wenn du mal Probleme hast, komm und rede mit uns.» Aber von ihnen kam nie etwas. Mein Vater machte mir mal beim Frühstück klar: Ein Mädchen, das nur bei ihrer Mutter lebt, ist nichts für dich. Das sind ja gar keine geregelten Familienverhältnisse. Wir haben uns darüber in die Wolle gekriegt. Ich bin abgehauen, bin zu ihr gefahren, und wir haben darüber geredet. Sie hat mir Mut gemacht. Wir haben überlegt, was wir machen könnten. Ich wollte nicht nach Hause gehen. In der ersten Nacht habe ich bei einem Freund übernachtet. Am nächsten Morgen hat mir meine Schwester in der Schule erzählt, mein Vater wolle mich von der Schule abmelden, ich solle sofort nach Hause kommen. Wenn nicht, würde er die Polizei hinter mir herschicken. Ich wollte mich aber nicht so erpressen lassen.
Nachmittags bin ich zu meiner Freundin gefahren. Absurd war das. – Das erste Mal, daß ich mit meiner Freundin geschlafen habe, war in der Nacht, in der ich abgehauen bin, als mein Vater gesagt hat, er würde die Polizei hinter mir herschicken. Für mich war das ein wahnsinnig flatteriges Gefühl, als ich mit ihr im Bett lag und hörte unten Autos vorfahren. Ich habe immer gedacht: Jetzt kommen sie gleich und holen mich.
Meine Eltern haben ja vorher immer gedacht, ich hätte schon etwas mit ihr angestellt. Der Vorwurf, den sie mir gemacht haben, war blödsinnig. «Du weißt genau, was wir meinen.» haben sie immer gesagt.
«Tut mir leid, ich kann euch in dieser Beziehung nur enttäuschen», habe ich ihnen gesagt.
Jetzt stimmt ihre Vermutung wenigstens.
Am nächsten Tag habe ich in der Schule erfahren, daß mein Vater sich

REAGA
NS

schon an die Lehrer gewandt hat, um mich abzumelden. Ich habe lange mit meiner Lehrerin gesprochen. Sie hat mir damals wahnsinnig geholfen. Sie hat zwischen mir und meinen Eltern vermittelt. Wir konnten ja nicht mehr miteinander reden. Sie ist zu meinen Eltern gefahren und hat mit ihnen geredet, erst abends mit beiden zusammen und an nächsten Morgen noch mal nur mit meiner Mutter.
Da kam auch heraus, daß meine Eltern meine Briefe gelesen und sogar fotokopiert hatten. In einem Brief hat meine Freundin mir geschrieben, daß sie meine Eltern hassen würde, weil sie mir das antun. Das war für meine Eltern der Beweis: Ich bin verrückt, und meine Freundin ist verrückt! Meine Mutter hängt so stark mit meinem Vater zusammen. Alles was mein Vater sagt, sind für sie Gebote. Wenn mein Vater gegen mich ist, muß meine Mutter auch gegen mich sein. Sie hat meiner Meinung nach kein Selbstbewußtsein. Trotzdem hat sie im Gespräch mit meiner Lehrerin eingesehen, daß die ganze Sache, um die wir uns streiten, blödsinnig ist. Meine Mutter hat dann versucht, meinen Vater zu beschwichtigen. Wir haben zusammen den Kompromiß ausgearbeitet, daß meine Freundin nicht mehr zu mir nach Hause kommen darf, aber daß ich mit ihr tun und lassen kann, was ich will, aber ich darf nicht bei ihr übernachten. Ich empfinde das als eine Kalte-Krieg-Situation. Der Name meiner Freundin fällt nie. Das Thema ist tabu!
Wenn man eine Freundin hat und sie wird behandelt wie der letzte Dreck, das ist schon traurig.
Meine Eltern haben immer gehofft, unsere Beziehung zerstören zu können. Die Rechnung ist nicht aufgegangen. Meine Freundin und ich rücken noch enger zusammen. Sie haben das Gegenteil von dem erreicht, was sie wollten. Wir sind noch stärker geworden und haben gelernt, zusammenzuhalten.

JEANNETTE ROCHLUS

Zwischen zwei Stühlen

«Laß dir nicht so viel von Jürgen gefallen. Wehre dich gegen ihn, laß dich nicht so unterkriegen.» hat mein Vater zu mir gesagt, als er mitbekommen hat, daß ich Jürgen etwas aus dem Geschäft mitbringen sollte. «Er will, daß du ihn bedienst, genau wie dein Bruder, der kommandiert auch später seine Frau herum, wenn er so weitermacht.»
Meine Mutter war, glaube ich, sehr eifersüchtig, als ich meinen ersten richtigen Freund dauernd mit nach Hause brachte. Ich habe mich mit ihr in dieser Zeit oft wegen Kleinigkeiten gestritten. Außerdem hat sie sich oft mit Jürgen gestritten, natürlich auch wegen Kleinigkeiten. Zum Beispiel hatten Jürgen und Sigi das Toastbrot aufgegessen. Darüber hat sich meine Mutter tierisch aufgeregt und Jürgen angeschrien, er solle sofort ein neues kaufen. Jürgen hat natürlich auch nicht seinen Mund gehalten, sondern immer den großen Krach angefangen. Ich habe mich da meistens herausgehalten, war immer mehr auf Jürgens Seite, weil ich den Anlaß für den Krach auch blöd fand, aber trotzdem war es mir oft unangenehm, wenn sich Jürgen und meine Mutter zofften. Ich hing irgendwie dazwischen. Ich würde mich nie trauen, mich mit Jürgens Mutter zu streiten. Ich kann mich sowieso nicht so gut streiten, aber sie hat mir eigentlich auch nie Grund gegeben.
Ich glaube, besonders für Mütter ist es schwierig, wenn sie merken, daß die *süßen Kleinen* groß werden und ihre(n) erste(n) Freund(in) haben. Sie sind ja meistens diejenigen, die die Kinder erziehen. Mutti war immer mit meinem Bruder und mir zusammen, wir haben ihren Tag ausgefüllt, außer wenn wir in der Schule waren. Wir waren auch nicht im Kindergarten. Sie hat, glaube ich, starke Eifersuchtsgefühle, wenn einer oder eine kommt und ihr ein Kind wegnimmt.
Ich habe meine Mutter zuerst nicht verstanden, aber dann habe ich mal mit Jürgens Mutter gesprochen, und sie hat mir erzählt, wie schwer es für eine Mutter ist, sich von ihrem Kind zu lösen. Sie hat mir von ihren Ängsten erzählt. Ihrer Angst, von Jürgen nicht mehr so beachtet zu werden wie früher, einfach nicht mehr die wichtigste Person im Leben ihres Sohnes zu sein.
Danach habe ich angefangen, meine Mutter zu verstehen. Ich will sie nicht verletzen und habe versucht, einen Kompromiß zu finden. Ich

will viel mit Jürgen zusammensein, aber ich kann es auch nicht aushalten, wenn sie sich so allein gelassen fühlt. Ich bin öfter mal zu Hause geblieben und habe Jürgen auch öfter mit nach Hause gebracht. Wir haben dann auch mal zusammengesessen und ferngesehen oder Spiele gemacht.
Ich glaube, daß Eltern das wollen. Sie wollen einfach mehr über den Freund oder die Freundin wissen, um zu sehen, ob sie ihn nett finden oder Vertrauen haben können, um vom Leben der Kinder immer noch etwas mitzubekommen.
Ich mache das auch gerne, denn schließlich leben wir zusammen.
Jürgen findet das egoistisch, daß ich mir immer nur Gedanken um *meine* Familie mache. Das stimmt auch, aber zu meiner Entschuldigung muß ich sagen, daß ich mich bestimmt mal gerne zu seinen Eltern gesetzt hätte, nur beide sind starke Kettenraucher, und ich finde es gräßlich, im Qualm zu sitzen. Sie wissen das auch.
Ich weiß auch gar nicht, was wäre, wenn Jürgen auch wollte, daß wir oft bei ihm zu Hause wären. Wir kämen dann ganz schön unter Druck.

Jeannettes Vater erzählt

Ich möchte natürlich nicht, daß meine Tochter von einem Mann untergebuttert wird, aber eifersüchtig bin ich, glaube ich, nicht. Ich sehe es sehr gerne, daß Jürgen oft kommt, weil ich merke, daß ihr die Freundschaft viel bringt, und ich glaube, daß ich besser mithelfen kann, die Beziehung schön zu gestalten, wenn ich ihrem Freund gegenüber positiv eingestellt bin, als wenn ich versuche, Jürgen mies zu machen. Wenn Jürgen zu uns kommt, möchte ich auch, daß er sich wohl fühlt. Ich glaube, am Anfang habe ich ein bißchen schnell versucht, ihn hier einzubeziehen. Für mich war es selbstverständlich, daß er bei uns aß. Nachmittags gibt es bei uns immer Kaffee und Kuchen. Jürgen ist kein Kuchenfreund. Trotzdem haben wir immer versucht, ihm den Kuchen aufzudrängen. Er fühlte sich wahrscheinlich vereinnahmt. Ich fand gut, daß er mich einmal, als es ihm zuviel wurde, gebeten hat, mit ihm zu reden. Er wollte das aber nicht bei uns in der

Wohnung, wenn wir uns gegenübersitzen, da fühlte er sich unterlegen. Wir sind dann eine Stunde spazierengegangen.
Er hat mir gesagt, was ihn stört, und ich hatte danach viel mehr Verständnis für ihn.
Er ist auch Einzelkind, und ihm war es fremd, daß in unserer Familie immer so viel los ist. Wir waren früher sieben Geschwister zu Hause, und ich fand es herrlich, wenn meine älteren Schwestern ihre Freunde mitbrachten. Wir haben immer gesagt: Das ist schöner als Kino!
Ich habe auch bei meinen älteren Schwestern gemerkt, wie ihnen Angst vor Männern gemacht worden ist. Eine von ihnen hat sich später, eine Woche nach der Hochzeit, wieder scheiden lassen. Ich habe mir gesagt, du wirst deine Tochter nie in die Angst versetzen, daß Männer etwas Schlimmes sind.
Wir sagen auch nicht: Was, in deinem Alter, so ein Schweinkram! Körperliche Liebe gehört dazu.
Vor einigen Wochen hat Jeannette gefragt, ob sie nachts wegbleiben darf. Jetzt sagt sie manchmal: Ich bin weg. Da muß ich schon schlukken! Im Moment hält sich das aber noch in Grenzen. Wenn sie irgendwann einmal vier Tage in der Woche weg ist, dann ist für mich der Bruch da. Dann ist sie weg. Das wäre für mich zu schnell. Ich finde es gut, wenn man sich daran langsam gewöhnen kann. Erleichternd kommt bei uns dazu, daß Jeannette außerhalb der Wohnung schläft. Sie hat unten im Haus ein Zimmer. Da kann sie natürlich viel freier sein. Sie muß nicht ständig damit rechnen, daß die Eltern im Zimmer stehen. Ich glaube, wenn die Eltern und Geschwister immer da sind oder hereinkommen, ist das für eine freie Entfaltung nicht förderlich. Ich bin dafür, daß Jeannette sieht, daß Liebe etwas Schönes sein kann, und dazu müssen wir natürlich auch den Freund akzeptieren.

ICH BRAUCHE NEBEN DIR AUCH MICH

TANJA ZIMMERMANN

Eifersucht

Diese Tussi! Denkt wohl, sie wäre die Schönste. Juhu, die Dauerwelle wächst schon raus. Und diese Stiefelchen von ihr sind auch zu albern. Außerdem hat sie sowieso keine Ahnung. Von nix und wieder nix hat die 'ne Ahnung.

Immer, wenn sie ihn sieht, schmeißt sie die Haare zurück wie 'ne Filmdiva.

Das sieht doch ein Blinder, was die für 'ne Show abzieht.

Ja, O.K., sie kann ganz gut tanzen. Besser als ich. Zugegeben. Hat auch 'ne ganz gute Stimme, schöne Augen, aber dieses ständige Getue. Die geht einem ja schon nach fünf Minuten auf die Nerven.

Und der redet mit der ... stundenlang. Extra nicht hingucken. Nee, jetzt legt der auch noch den Arm um die. Ich will hier weg! Aber aufstehen und gehen, das könnte der so passen. Damit die ihren Triumph hat.

Auf dem Klo sehe ich in den Spiegel, finde meine Augen widerlich, und auch sonst, ich könnte kotzen. Genau, ich müßte jetzt in Ohnmacht fallen, dann wird ihm das schon leid tun, sich stundenlang mit der zu unterhalten.

Als ich aus dem Klo komme, steht er da: «Sollen wir gehen?»

Ich versuche es betont gleichgültig mit einem Wenn-du-Willst, kann gar nicht sagen, wie froh ich bin. An der Tür frage ich, was denn mit Kirsten ist. «O Gott, eine Nervtante, nee, vielen Dank!» ...

«Och, ich find die ganz nett, eigentlich», murmel ich.

Alpträume. Gespräche

Frank: Ich bin total eifersüchtig. Ich weiß nicht, ob ich in dieser Beziehung altmodisch bin. Gestern bin ich mit Sabine in der Bahn gefahren. Sie hat so 'nen Typ angelacht, und der lacht auch noch zurück! Ich hätte ihr an den Hals springen können: Gut, daß ich so ein beherrschter Mensch bin. Ich wäre am liebsten ausgestiegen. Ich finde Eifersucht schrecklich. Mir geht das auch so, wenn ich selbst mit anderen Mädchen flirte, finde ich gar nichts dabei. Wenn ich bei Sabine eifersüchtig bin, dann habe ich immer Angst, daß sie mich nicht mehr gerne hat und etwas anderes braucht. Als Christiane und Sabine im Urlaub waren, haben Stefan und ich uns immer ausgedacht, was sie ohne uns alles machen könnten. Ich konnte nächtelang nicht schlafen.

Sabine: Ich habe mich da so reingesteigert, daß beim Frank etwas gewesen sein könnte, daß es mir hinterher fast egal war.

Christiane: Ich könnte im Moment nie eine Freundschaft haben, in der wir uns absprechen: hör mal, jeder darf machen, was er will. Wenn du mit jemandem schläfst, das macht nichts. Das könnte ich nie haben, nie!

Heike: Andy und mir geht das anders. Wir versuchen darüber zu reden. Ich habe beim Karneval Wolfgang ein Küßchen gegeben und mit ihm geschmust. Andy war zuerst total eifersüchtig. Andy hat gedacht, die braucht halt 'nen anderen. Das war bei mir aber anders. Da war gar nicht die Frage: Andy oder Wolfgang. Das waren zwei ganz verschiedene Sachen. Wolfgang mochte ich unheimlich gern, Andy habe ich aber geliebt.
Es hat unheimlich lange gedauert, bis er geglaubt hat, was ich ihm gesagt habe. Was das für ein Gefühl für ihn war, ist mir aber eigentlich erst bewußt geworden, als er mir mal gesagt hat: Ich habe mal Lust, mit der oder der in die Stadt zu fahren, oder da ist ein Mädchen, das sieht supergut aus. Wir haben uns darüber unterhalten, und ich verstehe jetzt, was er meint, wenn er sagt: ein Mädchen gefällt ihm. Ich habe Vertrauen zu Andy. Wir sagen uns unsere Gefühle, auch die, die wir zu anderen Leuten haben. Ich finde auch blöd, wenn man nur noch ein Auge für den einen oder die eine hat.

TANJA ZIMMERMANN
Sommerschnee

Mir ist alles so egal, ich fühle mich gut.
Der Regen macht mir nichts aus, meine Stiefel sind durchweicht, die Bahn kommt nicht. Neben mir hält ein Mercedes: «Engelchen, ich fahre dich nach Hause.»
Ich hab keine Angst, setze mich einfach neben eine alte Frau, fühle mich sicher, mir kann nichts passieren! In der Bahn stehe ich eingequetscht zwischen naßstinkenden Persianermänteln und grauen Anzugmännern. Die Bahn bremst, eine dicke Frau fällt gegen mich, drückt mich an die Fensterscheibe. Die Leute fluchen, beschimpfen den Fahrer. Ich lache.
Beim Aussteigen drängt jeder den anderen, ich lasse mich treiben, bin glücklich, denke nur an dich!
An der Ampel merke ich, daß ich zu laut singe. Eine Mutter mit Kinderwagen lacht mich an, eine aufgetakelte Blondine mustert mich von oben bis unten. Ich weiß, ich bin klitschnaß, meine weiße Hose ist nach 5 Tagen eher dunkelgrau, doch ich weiß, daß sie dir gefällt. Meine Haare hängen naß und strähnig auf meiner Schulter. Du hast gesagt, du hast dich schon am ersten Tag in mich verliebt, und da hatte ich auch nasse Haare.
Ich laufe schnell über die Straße, leiste mir eine Packung Filterzigaretten, kaufe welche, die mir zu leicht sind, die du am liebsten magst.
Ein grelles Quietschen. Ein wütender Autofahrer brüllt, ob ich Tomaten auf den Augen hätte. Ich lache und beruhige ihn mit einem «kommt nicht noch mal vor». An einem Schaufenster bleibe ich trotzdem stehen, zupfe an meinen Haaren herum, ziehe die Hose über meine Stiefel, will dir ja gefallen. Ich will dir ja sogar sehr gefallen!
Auf der Apothekenuhr ist es fünf. Ich laufe quer über die nasse Wiese. Schliddere mehr, als daß ich laufe. Aber ich will dich nicht warten lassen, ich kann das auch nicht. Ich werde dann von Minute zu Minute nervöser, also laufe ich. Bevor ich schelle, atme ich erst noch ein paarmal tief durch, dann klingel ich, fünfmal hast du gesagt. Und meine Freude, dich zu sehen, ist endgültig Sieger über meine Angst.
Erst dann bemerke ich den kleinen zusammengefalteten Zettel an der Wand. Ja, es tut dir leid, wirklich leid, daß du Vera wiedergetroffen

hast! Ich soll es mir gutgehen lassen. Richtig gutgehen lassen soll ich es mir! Die brennende Zigarette hinterläßt Wunden auf meiner Hand. Das Rattern der vorbeifahrenden Laster, das Kindergeschrei, Hundegebell und das laut aufgedrehte Radio von gegenüber verschwimmen zu einem nervtötenden, Angst einjagenden Einheitsgeräusch, meine Augen nehmen nur noch die gröbsten Umrisse wahr. Wie eine alte Frau gehe ich den endlos langen Weg zur Haltestelle, meine Füße sind naß und kalt in den durchweichten Stiefeln. Ein glatzköpfiger Mann pfeift hinter mir her, bietet mir sein Zimmer und sich an.
Verschüchtert stehe ich in der Ecke neben dem Fahrplan, mein Gesicht spiegelt sich in der Scheibe. Wann kommt endlich diese elende Straßenbahn?

CHRISTIANE KERPEN
Am besten vergessen

Eintragung vom 26. 5. 1981
Mann, heute bin ich aber enorm aufgeregt! Wieso? Nun, gestern, am Montag, bin ich mit Silke und Heike mal wieder in die Babylon-Disco im City-Center gegangen und habe da doch tatsächlich eine tolle Bekanntschaft gemacht. Ein Junge namens Michael hat mich an der Bar angequatscht, weil er mir eine Cola ausgeben wollte.
Michael war mir sofort sympathisch. Er sieht ganz süß aus, rote Haare und Sommersprossen und eine ganz niedliche Nase, und außerdem ist er schön groß und ganz schlank. Wirklich, er sieht nett aus, und ich gefalle ihm offenbar auch, denn er hat mir gestern abend Komplimente gemacht am laufenden Band (schüchtern ist er ja nun absolut nicht). Als wir die Cola getrunken hatten, wollte er mit mir tanzen, aber schon nach den ersten Tänzen wurde ihm total heiß, und er wollte unbedingt mit mir rausgehen. Ich verstand schon, daß ihm so heiß wurde, denn in diesem Gedrängel auf der Tanzfläche und bei dieser miefigen Luft konnte einem echt übel werden, aber eigentlich hätte er auch allein gehen können. Trotzdem bin ich mitgegangen, schon weil er mir die Cola bezahlt hatte.
Es war dämmerig draußen, und es wehte ein kühles Lüftchen, und wir haben uns zusammen auf eine Mauer gesetzt und ein bißchen geplaudert. Nach einer Weile ist er dann zärtlich geworden und hat mich gestreichelt und geküßt. Ich habe ihn ruhig gelassen. Etwa eine Stunde später hat er mich zur Bushaltestelle gebracht. Und wir haben uns für heute abend wieder verabredet. Ob er wohl kommt? Ich glaube schon, denn ich habe den dringenden Verdacht, daß der Junge sich ernsthaft in mich verknallt hat. Ich gehe heute jedenfalls mal hin. Silke und Heike kommen wieder mit. Wir drei wollen uns um siebzehn Uhr vor der *Bonbonniere* treffen.

27. 5. 1981
Auch gestern, am Dienstag, haben wir uns wieder getroffen. Michael hat tatsächlich auf mich gewartet an der Bar im Babylon. Diesmal begrüßte er mich sofort mit einem Kuß vor versammelter Mannschaft. Silke und Heike waren zwar erst mal völlig überrascht, als sie

das sahen, verkrümelten sich aber anständigerweise sofort und ließen Michael und mich allein. Der Rest des Abends verlief im großen und ganzen so wie der am Montag. Tanzen, er gibt mir eine Cola aus, wieder tanzen und dann rausgehen, nur wußte ich diesmal schon vorher, daß er nicht mit mir hinaus wollte, weil ihm heiß war. Ich ging gerne mit ihm, weil ich mich nun wirklich in diesen Draufgänger verliebt habe, aber nicht zuletzt auch deswegen, weil meine beiden Freundinnen uns zusammen hinausgehen sahen und sich dann Gott weiß was dachten. Nachher hat Micha mich wieder zum Bus gebracht, und wir treffen uns heute abend wieder. Mein Verdacht hat sich übrigens bestätigt; er hat mir gesagt, daß er sich noch nie so in ein Mädchen verliebt hat wie in mich. Heute gehe ich aber allein zum Babylon.

In der ersten großen Pause, heute morgen in der Schule, habe ich Silke und Heike alles erzählt. Erst wollte ich noch etwas dazumachen, aber das war gar nicht nötig, denn die beiden waren auch so total beeindruckt. Irgendwie bin ich jetzt unheimlich toll drauf, ich bin auch unheimlich stolz auf das, was ich erlebt habe. Und außerdem habe ich das Gefühl, daß ich von den beiden jetzt anerkannt werde als eine, die schon weiter ist als sie selbst, denn ich habe ja etwas, was die zwei noch nicht haben – einen Freund! Michael ist übrigens mein allererster Freund.

28.5.1981
Gestern abend ist alles etwas anders verlaufen, als ich erwartet hatte. Sofort als ich ihn traf, wollte er mit mir hinausgehen. Ich ging mit, aber anstatt sich wieder mit mir auf die Mauer zu setzen, zu reden und ein wenig zärtlich zu werden, wollte er mit mir auf seinem Motorrad herumfahren und mir zeigen, wo er wohnt. Irgendwie wollte ich das aber nicht und habe mich nicht überreden lassen. Da konnte er ja nichts machen. Dann sind wir wieder ins Babylon gegangen und haben den Rest des Abends nur getanzt, bis er mich zum Bus begleitet hat. Er war aber merkwürdig schweigsam, obwohl er immer wieder betonte, daß er nicht böse sei. Jetzt habe ich ein schlechtes Gewissen, trotz allem. Ich hätte mich nicht so eigenwillig und dickköpfig anstellen dürfen. Vielleicht wollte er mir ja wirklich nur mal kurz zeigen, wo er wohnt, und nichts weiter. Also eigentlich – bei Licht betrachtet –

finde ich, ich habe mich gestern abend so richtig wie eine zimperliche, dumme Ziege angestellt. Ich habe mich so voll dämlich benommen – hoffentlich ist er ehrlich nicht böse.

31.5.1981
Gestern abend hat er nicht an der Bar im Babylon auf mich gewartet, sondern draußen auf der Mauer. Ich habe mich dazugesetzt und bin den ganzen Abend nur dageblieben mit ihm. Mit seinen Zärtlichkeiten geht er jedesmal ein bißchen weiter, aber ich bin völlig einverstanden damit – vielleicht erwarte ich das sogar von ihm, denn ich liebe ihn wirklich. Leider kann ich ihn heute wieder nicht sehen und morgen, am Montag, auch nicht, weil er Verpflichtungen als Nachhilfelehrer hat. (Seufz)

1.6.1981
Ich bin so glücklich, daß ich so einen Freund wie Michael habe! Jetzt, wo ich ihn nicht sehen darf, spüre ich erst mal richtig, wie sehr ich ihn vermisse, wie sehr ich ihn doch liebe! Oh, Michael, was hast du mit mir gemacht? Ich liebe dich! Du weißt ja, wie ich fühle und daß sich mein ganzes Leben jetzt Tag und Nacht um dich dreht! Mit dir zusammensein dürfen ist ein einziger Traum für mich! Du bist die Zärtlichkeit selbst ... ich liebe dich! Ich brauche dich! Mein ganzes Denken und Fühlen ist auf dich fixiert. Ich liebe dich über alles! Du bist so verständnisvoll und lieb zu mir ... du bedeutest mir alles, und ich liebe dich mit aller Kraft meiner Seele und meines Herzens! Du bist mein ein und alles! Nichts auf der Welt liebe ich so sehr wie dich! Ich würde wirklich alles für dich tun, alles für dich geben ... ich liebe dich! Ich liebe dich!

3.6.1981, 17.30 Uhr
Heute ist Mittwoch, und ich bin nicht im Babylon, um Micha zu treffen, und ich werde auch nie wieder hingehen, um diesen Kerl nie wieder zu sehen. Dieser hundsgemeine Kerl! Wie kann einer nur so gemein sein! Was passiert ist? Wir wollten uns eigentlich um fünf Uhr heute treffen. Vorher wollte ich aber noch bei Horten und Hill etwas einkaufen und fuhr deshalb schon um halb vier mit dem Bus in die Stadt. Ich hatte mir vorgenommen, mich zu beeilen, schon bald wieder nach Hause zu fahren, die Sachen schnell abzuliefern und von dort

aus sofort den nächsten Bus zum Marktplatz nehmen, um pünktlich um fünf im Babylon zu sein. Als ich dann beim Einkaufen über den Marktplatz gehen mußte, um zu Horten zu kommen, sah ich an der Treppe einen roten Haarschopf leuchten. Es war tatsächlich mein Michael, der dort mit einer Gruppe Jungen und Mädchen stand und redete. Ich glaube, ich bin vor Freude in die Luft gehüpft, und bin sofort freudestrahlend auf ihn zugegangen. Ich habe Hallo gesagt und «Was machst du denn hier? So ein Zufall, daß wir uns jetzt schon getroffen haben. Ich muß zwar jetzt noch einkaufen, aber ich bin nachher pünktlich am Babylon» und so. Aber dieser A ... hat ganz einfach so getan, als hätte er mich nie vorher gesehen. Seine Freunde, die auf mich aufmerksam geworden waren, glaubten ihm natürlich, daß er mich nicht kennen würde, und lachten und machten blöde Witze über mich. Das Ganze war so peinlich, und ich habe vor lauter Enttäuschung über diese Unverschämtheit fast geheult. Als ich noch gesagt habe: «Was soll denn das, Micha? Wieso tust du so, als würdest du mich nicht kennen?» legte er seinen Arm um ein anderes Mädchen aus der Gruppe und ließ mich einfach stehen. Wie konnte er nur? Er hat mir doch oft gesagt, daß er mich liebt ... ich halt's nicht aus! Ich bin so verzweifelt! Vielleicht rufe ich das Sorgentelefon an und frage, was ich machen kann gegen Depressionen, Wut und Verzweiflung. Wieso hat er das gemacht! Ich glaube, ich höre jetzt auf zu schreiben, weil ich schon wieder anfange zu heulen, so eine S ...!

6.6.1981
Heute habe ich einen Brief an Michael abgeschickt, in dem ich ihn um eine Erklärung bitte. Ich finde es zwar selbst sehr demütigend für mich, jetzt wieder bei ihm angewinselt zu kommen – normalerweise sollte ich jetzt zu stolz sein, überhaupt noch mal seinen Namen zu nennen, aber ich halte es nicht länger aus, diese Ungewißheit, warum er das gemacht hat. Noch immer klammere ich mich an die Hoffnung, daß alles nur ein Irrtum oder ein Mißverständnis war und daß er es gar nicht böse gemeint hat. Das ist zwar unwahrscheinlich, aber ich klammere mich an diese Hoffnung wie an einen Strohhalm. Wer weiß, vielleicht wird ja doch noch alles gut? Ich möchte wissen, was er schreibt (falls er mir überhaupt antwortet).

20. 6. 1981
Heute, am Samstagmorgen, habe ich den langersehnten Antwortbrief von Michael erhalten. Jetzt steht es fest: was am 3. 6. geschehen ist, war kein Irrtum und auch kein Mißverständnis. Er hat es mit voller Absicht gemacht! In dem Brief, der jetzt neben meinem Tagebuch liegt, schreibt er ganz kurz und bündig, daß das Mädchen, mit dem er damals Arm in Arm weggegangen ist, seine Freundin Marianne wäre und daß er sehr glücklich mit ihr sei. Er schreibt, daß er nie die ernste Absicht gehabt habe, mit mir zu gehen, und daß ich seine Komplimente wohl irgendwie falsch aufgefaßt haben müßte. Ich sollte mir nichts daraus machen. Tschüs, Michael.
Auch wenn nun meine letzte Hoffnung zerstört ist, werde ich nicht wieder verzweifeln. Heike und Silke geben sich noch immer die größte Mühe, mich zu trösten und mir zu helfen, ihn zu vergessen, und sie sollen nicht glauben, daß ihre langen Bemühungen keinen Erfolg gehabt hätten. Aber jetzt werde ich nie mehr von ihm schreiben oder reden, denn auf diese Art und Weise werde ich ihn am leichtesten vergessen können.

MARION BOLTE

Auf Nummer sicher

«Ich bin sicher, Andrea, du wirst auch noch merken, daß die größte Liebe vergeht.»

Wir saßen in der Küche, und dieser Satz meiner Mutter stimmte mich ziemlich mißmutig. Andrea ist meine ältere Schwester, die in zwei Monaten heiraten will.

«In jedem Fall ist es viel wichtiger, daß Manfred einen guten Beruf hat. Elektriker werden schließlich immer gebraucht. Als seine Frau kannst du ihn auch ruhig ein bißchen mehr drängen, daß er seinen Meister macht.»

Typisch Mama! Hauptsache, die älteste Tochter ist schon mal versorgt. Dabei hat Andrea gesagt, daß sie gar nicht so sicher ist, ob es gut ist, daß sie ihre Lehre abbricht und zu Manfred nach Rheine zieht, wo er eine Stelle in einem großen Betrieb gekriegt hat.

«Bei Papa und mir war es auch nicht die große Liebe, aber ich wußte immer, auf den kann ich mich mal verlassen.»

Jetzt weiß ich auch, warum Papa und Mama jeden Abend vor dem Fernseher rumhängen und so wenig miteinander reden. Ich kann mir auch gar nicht vorstellen, daß die mal miteinander schmusen ... Aber verlassen tut sie sich wirklich immer auf ihn, selbst bei ganz normalen Sonntagsausflügen ist es Papa, der das Café aussucht oder den Vorschlag macht, welchen Film wir uns mal ansehen könnten. Hinterher beschwert sie sich dann oft darüber, daß er alles bestimmt. Aber auf die Idee, selber einen Vorschlag zu machen, kommt sie erst gar nicht.

«Wie weit ist Manfred eigentlich mit eurer Wohnung in Rheine? Ich finde schon, Manfred ist da ziemlich lässig. Papa wäre mit dem Renovieren längst fertig. Ihr wollt doch in einem Monat einziehen.»

Meine Güte, manchmal kann ich meine Schwester auch nicht verstehen. Warum sitzt Andrea hier rum und labert blöd mit Mama, anstatt selbst einen Pinsel in die Hand zu nehmen. Sie verläßt sich auch schon voll auf ihren Mann. Andrea ist schon genau wie Mama.

Ich stand auf und ging in mein Zimmer. Wenn Liebe so ist ... Nein, ich will mich anders verlieben. Richtig, mit Gefühl und ganz, ganz viel Schmusen, ohne Fernsehen. Und ich will am liebsten die Wohnung mit meinem Freund zusammen renovieren ...

PETER T. SCHULZ

Etwas ist zu Ende

Plötzlich hören Augen auf, zu träumen
und nehmen wahr.
Plötzlich sitzen Hintern nicht mehr unter Bäumen,
sondern an der Bar.
Plötzlich streichen Hände nicht mehr über Haare,
nur noch über Ware.

Wo vorher viele Fragen waren,
sind jetzt vier eigene Wände.
Köpfe denken, daß sie es geschafft haben.
Sie haben recht.
Etwas ist zuende.

SUSIE ROMAHN
So klein mit Hut

Herbst 82

Sonntag war unser zweijähriges Jubiläum. Am liebsten hätte ich eine Anzeige in der Zeitung aufgegeben, denn irgendwie bedeutet mir so ein Tag ja doch unheimlich viel. Es ist für mich auch ein Gedenktag unserer Freundschaft. Die vielen schönen gemeinsamen Erlebnisse ziehen wie im Film an mir vorbei.
Für ihn war der Tag ein Anlaß, unsere Beziehung wie ein Kapitel abzuschließen.
Weil es im Zoo so voll war, beschlossen wir, wieder zu ihm nach Hause zu fahren. Damit war ich einverstanden, denn obwohl wir beide in letzter Zeit wenig miteinander anfangen konnten, hatte ich doch die Hoffnung, daß uns dieser Tag wieder zusammenbringen würde. Wir kauften etwas ganz Besonderes zum Essen ein und Wein dazu. Aber schon die ganze Zeit war die Stimmung sehr gereizt. Er war irgendwie brummig und ich daraufhin enttäuscht. Ich wollte ihn fröhlich sehen, ich verstand nicht, warum er sich mit mir nicht wohl fühlte. Während wir die Forellen und den Salat machten, kam es wegen irgendeiner Kleinigkeit schon zum größten Krach. Ich schluckte die ganze Zeit Bemerkungen von ihm, die mich verletzten. Irgendwann habe ich es nicht mehr ausgehalten und bin nach oben gegangen. Nach einer Weile kam er hoch und sagte, das Essen sei fertig. Ich war für einen Moment richtig glücklich, denn es kommt nur selten vor, daß er einem Streit einmal auf diese Art und Weise aus dem Wege geht.
Die Stimmung beim Essen war trotzdem wieder schlecht. Hätte ich

nicht auf Kerzen und Musik bestanden, wäre noch nicht einmal eine Spur von Gemütlichkeit dagewesen. Wir würgten unser Zeug runter, als müßten wir Gott weiß was Schlimmes essen, und hörten Schallplatten, die ich extra mal für ihn ausgeliehen hatte. Zwischen dem Schweigen ab und zu nur Bemerkungen wie «Wir müssen aber nachher wieder aufräumen». Nichts Nettes, nur so etwas Banales. Ich war sauer, traurig und enttäuscht. Sobald wir den letzten Bissen im Mund hatten, sprang er auf, putzte, wischte und spülte. Ich dachte, ich werd nicht mehr. Ich starrte auf die drei rosa Rosen, die er mir geschenkt hatte. Obwohl sie schon tagelang in seinem Zimmer standen und alle Blätter hängen ließen. Und überhaupt: Rosa! Ich überlegte mir, ob ich die Blumen aus der Vase nehmen sollte, eine Hand am Stiel unter den Blütenköpfen, und daß ich ihnen dann ganz langsam und knakkend den Hals umdrehen würde. Nur, das brachte ich den Rosen zuliebe nicht übers Herz. Ich nahm sie aber dann und wollte sie eigentlich einfach nur fortschleudern, doch unglücklicherweise trafen sie genau die Kante des Schrankes, und eine Rose wurde geköpft.
Christian schnappte sich die Rosen, fuchtelte albern mit seinem Finger in Richtung Haustür und rief: «Raus! Ich will dich hier nicht mehr sehen!»
Ich steckte meine ganzen Gefühle, auch die Tränen, die sonst gelaufen wäre, in Coolness. Seine letzte Zigarette, die er mir irgendwann anbot, lehnte ich hoheitsvoll ab. Mit der Begründung, daß er sowieso noch mit Helge, meinem Vater, reden wollte, fuhr er mich nach Hause. Die Fahrt war schrecklich. Ich gönnte ihm keine Zigarette, obwohl ich noch welche hatte, und riß das Lenkrad hin und her, wenn er sich eine drehen wollte. Dann schlug ich ihm seine Zigarette aus dem Mund, ich war einfach ekelhaft. Daß er mich so weit bringen könnte, hätte ich nie gedacht. Er brüllte mich an: «Verpiß dich, ich will dich nicht mehr sehen, ich schlage dir gleich ein paar in die Fresse», und andere Nettigkeiten.
Das saß. Obwohl ich mich selbst gemein fand, verletzten mich seine Worte unheimlich. Und es ist ein Unterschied, ob etwas nur nervt oder verletzt. Derjenige, der mehr liebt, ist immer blöder dran. Er konnte seine Wut an mir auslassen, ohne irgendwas Besonderes befürchten zu müssen. Aber wenn ich mich mal gehenlasse, dann bekomme ich es doppelt und dreifach zurück. Ich bekomme immer mehr reingewürgt, damit ich nur ja ganz klein werde.

Und ich bin klein geworden. So klein mit Hut. Zum erstenmal hatte ich absolut keine Hoffnung mehr, keine Kraft mehr, um unsere Beziehung zu kämpfen. Auch im Auto liefen mir schon wieder die Tränen herunter.
Zu Hause fing ich ein Gespräch mit Christian an. Ich wollte, daß er auch mal kämpft, auch mal an sich und der Freundschaft arbeitet. Er saß eine ganze Weile im Sessel und druckste herum. Erzählte mir etwas von einer Sehnsucht nach etwas Unbekanntem. Er sagte nein zu unserer Freundschaft und wollte gleichzeitig, daß ich das verstehe.
Ich verstand überhaupt nichts mehr. Mein Verhalten ihm gegenüber wurde plötzlich zärtlich und lieb. Obwohl ich mir vorgenommen hatte, ganz kühl zu reagieren.
Den Tag darauf bin ich mit einer Gruppe weggefahren. Ich glaube, ich habe noch gar nicht richtig begriffen, daß Schluß ist. Ich konnte meinen Liebeskummer noch nicht richtig ausleben. Aber ich weiß, daß es kommen wird, und ich fürchte mich davor.

SUSIE ROMAHN

Für Christian

Winter 1982

Die Tränen
die ich vergieße
Die Tränen
die ich schlucke
Die Tränen
die ich mich nicht traue
dir zu zeigen
Die Tränen
die du verursachst
diese Tränen will ich sammeln.

Die Sonne
die ich spüre
wenn du mich anlachst
die ich spüre
wenn du mich berührst
die ich spüre
wenn ich dir was von
mir zeigen darf
Die Sonne
will ich bewahren

Irgendwann einmal
gehen wir
Hand in Hand
spazieren,
dann treffen wir
auf einen
schönen, himmelblauen
See
und die Sonne
wird sich in ihm
spiegeln,
ebenso wie
in unseren
Herzen.

Frühjahr 83

Seit Samstag bin ich gestorben.
Ich starre ins Wasser und beuge mich über das Geländer. Meine Hände sind wie Eis. Ich stelle mir vor, wie kalt der Rhein ist und wie lange es wohl dauert, bis man ertrinkt. Meine Augen brennen, aber die Tränen kommen nicht, als wären sie festgefroren vor lauter Gefühlskälte.

CHRISTIANE TIEDE

Ausgetrickst

Ich war bislang sage und schreibe elfmal verknallt. Leider wollten neun von diesen Jungen nichts von mir wissen. Einmal wurde ich sogar auf gemeinste Art und Weise fertiggemacht. Diese Geschichte möchte ich hier erzählen:

Meine Mutter und ich unterhielten uns mit dem Leiter meiner neuen Schule. Da ich zufällig den gleichen Nachnamen hatte wie er, wurde ich mit Freuden in die 6a aufgenommen. Schon bald wußte ich die Namen meiner Klassenkameraden auswendig, und nach etwa zwei Wochen funkte es, zumindest bei mir. Er hieß Sven, hatte blond gelocktes Haar und große braune Augen, interessierte sich wie ich für die Beatles und Paul McCartney und war sehr witzig. Ich himmelte Sven an. Zum Glück schien er es zu merken, und schon bald kamen zwei Mädchen aus meiner Klasse und übergaben mir einen Brief von ihm. Er fragte mich, ob ich mit ihm gehen wolle. Mannomann, war ich happy! Und zu alledem sollte, so quasi als Einleitung für die Frühlingsferien, am nächsten Tag eine Klassenfeier stattfinden.

Den Abend verbrachte ich damit, etwas Passendes zum Anziehen in meinem Kleiderschrank zu finden. Aber wie immer in solchen Situationen kam ich mir in meinen Sachen zu brav vor, und ich fluchte heimlich auf meine Mutter, die darauf besteht, daß ich mir bequeme und praktische Klamotten kaufe. Schließlich entschied ich mich für meine heißgeliebte Streifenhose, von der mein Bruder immer behauptet, daß sie etwas Wurstpellenähnliches hätte. Unrecht hatte er damit eigentlich nicht, denn beim Gehen mußte ich immer kleine Schritte machen und beim Hinsetzen die Luft anhalten. Aber was soll's! Für Sven hätte ich noch viel größere Opfer gebracht, und außerdem ist eine Klassenfete schließlich kein Wandertag.

Sicherlich auch wegen der Hose, aber noch mehr wegen meinem Herz, das plötzlich wild klopfte, hielt ich die Luft an, als ich am nächsten Tag das Klassenzimmer betrat. Mir schossen plötzlich Filmszenen durch den Kopf, in denen ein wunderschöner Mann eine wunderschöne Frau aus heiterem Himmel fragt, ob sie ihn heiraten wolle. Aber was war das schon gegen Sven und seinen Brief! Ich steuerte durch die Menge auf ihn zu und hatte nur seine Frage im Ohr, die er mir sicherlich noch mal selbst stellen würde. Die Antwort darauf hatte ich schon hundertmal geübt. Sven strahlte mich an, als er mich sah, und das gab mir auf der Stelle die Sicherheit, ihn zum Tanzen aufzufordern. Ohne sein strahlendes Gesicht zu verändern, was, wie sich später herausstellen sollte, ein hämisches Grinsen war, antwortete er, daß er keine Lust hätte, drehte sich um und ging. Um mich herum begann sich alles zu drehen, und ich angelte mir erst mal einen Stuhl, auf den ich mich trotz der engen Streifenhose mit einem Ruck fallen ließ. Dieser Lügner! Ich kämpfte unaufhaltsam mit den Tränen, die mir langsam in die Augen stiegen und versuchte gleichzeitig, das ganze Chaos zu ordnen, das sich in meinem Kopf angesammelt hatte. Wie durch einen Schleier sah ich Sven plötzlich wieder vor mir, aber nicht allein. Er tanzte mit meiner Freundin Sonja und schien sich dabei sehr gut zu unterhalten. Boing – mit meinem rechten Arm stieß ich gegen die Cola-Flasche, und die braune Brühe verwandelte das leuchtende Grün meiner Streifenhose in eine undefinierbare Farbe. Obwohl der Kloß in meinem Magen immer größer wurde, merkte ich, daß meine Traurigkeit sich langsam in Wut verwandelte. Wut auf alles, was mit Sven zusammenhing, und Wut auf mich selbst, weil ich blauäugig einem läppischen Brief geglaubt hatte und ihn mit der großen Liebe in Zusammenhang gebracht hatte. Komischerweise konnte ich Sonja nicht böse sein, denn obwohl sich Sven alle Mühe gab, sie zu umgarnen, kam sie zu mir und versuchte mich von meinen rabenschwarzen Gedanken abzulenken.

Als wir endlich nach Hause gehen durften, ging ich mit einer Riesenwut im Bauch neben Sonja her. Sven hatte sich noch nicht mal von mir verabschiedet, aber mir noch hinterher gerufen, ob ich mich nicht für seinen Brief bedanken wollte. Das war ja wohl die Höhe! Und mir fiel noch nicht mal eine gehässige Antwort ein! Auf einmal platzte Sonja in meine Gedanken. «Hey, was ist denn mit dir die ganze Zeit los? Dir ist wohl eine Laus über die Leber gelaufen!»

«Sven benimmt sich mir gegenüber wie der letzte Macker!» fuhr ich auf und erzählte ihr die Geschichte von dem Brief. Weil ich es immer noch nicht wahrhaben wollte, begann ich Sven trotz meiner Wut gegenüber Sonja zu verteidigen und verrannte mich sogar in die Idee, daß mein eigenes Verhalten an allem schuld sei. Sonja fiel fast aus den Socken und bezeichnete mich als blöde Gans. Das hatte mir gerade noch gefehlt!

«Du», brüllte ich sie an, «du bist doch nur neidisch.» Sonja lächelte nur still vor sich hin und meinte dann: «Du weißt genau, daß das nicht stimmt. Ich warne dich. Svens Brief enthält nur Lügen. Daß er nicht wirklich etwas von dir will, hast du doch spätestens heute gemerkt. Das Ganze ist nur ein abgekartetes Spiel, auf das du reinfallen sollst.»
Ich dachte, ich höre nicht richtig, aber dann erinnerte ich mich an meine eigenen rabenschwarzen Gedanken während der Klassenfete und bohrte nach: «Woher willst du die Sache mit der Lüge wissen?»
«Das weiß doch fast die ganze Klasse», antwortete Sonja, «Sven hat es schon bei anderen Mädchen ausprobiert. Erst schreibt er ihnen heiße Liebesbriefe, und wenn er nicht sichergehen kann, daß sie darauf hereingefallen sind, beschimpft er sie in einem neuen Brief als blöde Ziege. Wollen wir wetten, daß er auch dir diese Ehre erweisen wird?»
Nach Wetten war mir bestimmt nicht zumute. Ich verabschiedete mich von Sonja und ging wie gelähmt nach Hause. Als ich allein in meinem Zimmer war, mußte ich heulen wie noch nie in meinem Leben. Meiner Mutter habe ich alles erzählt, doch sie hat mich nur ausgelacht. Damit kam meine Stimmung dann völlig auf dem Nullpunkt an. Ich schmiß mich auf mein Bett und heulte wie ein Schloßhund.
Später, nachdem ich mich beruhigt hatte, starrte ich die Beatles-Poster an der Wand an. Und plötzlich hatte ich die Idee! Dem Mistkerl werde ich es geben. Ich drehe den Spieß einfach um! Mann, wie ich mich auf den ersten Schlag freute ...
Um 7.40 Uhr war ich in der Schule und spielte mit den anderen wie sonst auch, Gummitwist. Als ich gerade mal aussetzen mußte, ging's los. Aus der Pausenhalle kam ein Junge aus meiner Klasse und übergab mir einen Brief. Nun kam es also darauf an, wie ich reagieren würde. Und das hatte ich in meiner Fantasie schließlich schon x-mal geübt. Ich öffnete den Brief, und da stand also, was Sonja mir prophezeit hatte:
Hallo, Du dumme Kuh! Na, hast Du auf meinen Brief gewartet? Aber von so was wie Dir lasse ich mir meine Ferien nicht verderben. Ich will nie wieder was mit Dir zu tun haben. Du blöde Ziege. Viele stinkende Grüße von Sven.
Ich lächelte, steckte den Brief wie ein Taschentuch in meine Tasche und sah mich um. Wie erwartet wußten alle Bescheid und starrten mich an. Im selben Moment, in dem die anderen in der Pausenhalle bemerkten, daß ich sie sah, zogen sie sofort die Köpfe ein. Ich stellte

mich wieder zu den Mädchen und spielte weiter, als wenn nichts gewesen wäre. Was auch eigentlich stimmt. Bis auf die Cola-Flecken in meiner Streifenhose, die sich als äußerst hartnäckig erwiesen haben.

BÄRBEL MAIWURM

Ich treff mich heute abend mit mir

Ich habe eigentlich schon vorher damit gerechnet, daß mein Freund keine Lust hat, mit in die Disco zu gehen. Auf der Suche nach einer passenden Begleitung telefoniere ich hinter meinen Freundinnen her. Nichts zu machen. «Ich hätte schon Lust, aber Thomas ist da, und er will lieber zu Hause bleiben!» meint Claudia. «Vielleicht ruft Peter heute noch an, da will ich lieber nicht weggehen», erklärt mir Helga. Mich juckt's schon den ganzen Tag unterm Hintern. Ich überlege einen Moment und mache mich schön. Ein letzter prüfender Blick in den Spiegel: Ich gefalle mir! Ich ziehe alleine los! «Eine Dame ohne Begleitung», ist die lautstarke Begrüßung, als ich mich in die Schlange an der Kasse einreihe. Ich lege DM 5,– auf den Tisch und lasse mir den Stempel mit der Möwe auf den Handrücken drücken. Als der Kassierer aufdringlich meine Hand hält, ärgere ich mich, verkneife mir eine Bemerkung, zieh meine Hand einfach weg. «Schlechte Laune?»
«Nee!» antworte ich patzig.
«Hat dein Freier dich sitzenlassen?» ...
«Laß die doch, die kann eben keinen Spaß verstehen.»
Ich versuche, mich nicht verunsichern zu lassen, gehe rein und denke mir: Unter Spaß verstehe ich etwas anderes.
Ein komisches Gefühl hab ich, als ich den Raum betrete, ein bißchen Angst im Bauch, fühle mich beobachtet und trotzdem allein. Die Musik ist wie die Einrichtung: glatt, cool, happy – Marmor und Spiegel.
Erst mal hinsetzen. Ich stehe sofort wieder auf und begebe mich auf die Tanzfläche.
Ich stehe auf wackligen Beinen, beginne zu tanzen, spüre Blicke, schaue in Augen, kenne niemanden, keiner gefällt mir so richtig. Ich

möchte mich entspannen, locker sein, locker wirken. Neben mir wirbelt eine mit schwingender Bluse, ihren Busen in Szene setzend.
Ich schließe die Augen und spüre meine verkrampften Schultern. Meine Bewegungen kommen mir steif vor. Alkohol enthemmt, denke ich mir und trinke ein Bier. Das Ergebnis ist, daß ich dauernd aufs Klo muß. Wenn du den Kopf schüttelst, hörst du auf zu denken, hat Kati gesagt. Die Musik wird schneller.
Mir ist heiß. Ich ziehe Schuhe und Strümpfe aus. Auf dem glatten Marmorboden zu tanzen ist ein scharfes Gefühl. Ich spüre meinen Körper, mein Becken. Tanz nicht so aufreizend, höre ich meine Mutter sagen. Was sollen die Jungen von dir denken, tönt es aus meinem Hinterkopf. Ich tanze und höre nur noch auf die Musik, vergesse langsam zu denken. Ich bewege mich, fühle mich.
Gianna Nannini – Amerika ... Ich tanze, tanze mit mir!

INA DETER

Ich brauche neben dir auch mich

Wie oft wolltest du einfach aufhörn,
weil ich mich selber haben will,
du hast so schwer gelernt zu lernen,
und Rücksicht nehmen macht mich still.

Ich kann dir geben,
was ich kriege,
alle Gefühle sind für dich,
es geht nicht mehr
um deine oder meine Siege,
ich brauche, neben dir,
auch mich.

HEIKE HUPPERZ

Die Arbeit fängt an

Zu meinem Traumtypen
müßte ich Vertrauen haben.
Ich möchte mit ihm reden können.
Er soll auch zuhören können und mir von sich erzählen.
Ich möchte mich mit ihm streiten können,
wirklich sagen können, was mir stinkt,
er soll das auch können.
Ich will auch versuchen ihn zu verstehen, wenn er Mist baut.
Am Anfang ist es leicht zu denken: Der ist der Tollste!
Am Anfang ist alles ganz heil.

Wenn man sich kennenlernt, kommen die Schwierigkeiten.
Du hast ihn, hast es geschafft!
Das Prickeln ist weg . . .
Du mußt versuchen, etwas Neues zu finden.
Beides ist schön, der Anfang und hinterher,
aber beides sind ganz unterschiedliche Gefühle.
. . . die Arbeit fängt an!

Wir danken folgenden Fotografen:

Ralf Bäcker, S. 79
Boris Blase, S. 19
Ursula Brockeneger, S. 122, 133
Uschi Dresing, S. 105
Annette Frick, S. 82
Petra Gall, S. 17, 37, 113
Paul Hartjens, S. 7
Gernot Huber, S. 7, 8, 13, 30, 89
Bärbel Maiwurm, S. 23, 55, 139
Susanne Matthiessen, S. 45
Carla Neumann, S. 49, 59
Christian Schulz, S. 73
Manfred Spies, S. 25
Axel Schulten, S. 118
Thomas, S. 51

... Verlagen

Deutscher Taschenbuch Verlag GmbH & Co. KG, S. 11, Margaret Mead: Wer ist es? aus: Jugend und Sexualität in primitiven Gesellschaften (dtv 4032)
Pohl 'n' Mayer, S. 85, Richard L. Wagner: Darling Ultra ... aus Neonschatten. Kaufbeuren, 1979

... und Agenturen

Associated Press S. 86
Independent Music Service GmbH & Co, S. 38, Neue Männer braucht das Land, S. 138, Ich brauche neben dir auch mich, Ina Deter.

für die Abdruckgenehmigung

Total verknallt

Alles über die große Liebe, Herz und Schmerz, Leidenschaften, coole Anmache und zarte Annäherung.

Hundert Jahre Liebe *Geschichten der Weltliteratur*
Herausgegeben von Ute Eltner und Uwe Wandrey
(rotfuchs 449)

Herzklopfen *Liebesgeschichten*
Herausgegeben von Hansjörg Martin
(rotfuchs 241 / ab 12 Jahre)

Total verknallt *Ein Liebeslesebuch*
Herausgegeben von M. Bolte, G. Corves, B. Maiwurm
(rotfuchs 356 / ab 13 Jahre)

Max von der Grün
Friedrich und Friederike *oder Ist das schon die Liebe? Geschichten*
(rotfuchs 391 / ab 13 Jahre)
Neun Geschichten über die Erlebnisse und Abenteuer der beiden Fünfzehnjährigen. Fast unmerklich ändert sich ihre Kinderfreundschaft: mal zärtlich und vertraut, mal spröde und fremd stehen sie sich plötzlich gegenüber...

Renate Welsh
Einmal sechzehn und nie wieder
(rotfuchs 173 / ab 13 Jahre)
Fiona und Michael *oder Hoffnung mit Hindernissen*
(rotfuchs 277/ ab 13 Jahre)
Fionas Vater trinkt und die ganze Familie leidet darunter. Michael will ihr beistehen, koste es, was es wolle.

Monika Seck-Agthe
Ich will mit dir gehn *Eine Liebesgeschichte*
(rotfuchs 392 / ab 13 Jahre)

rororo rotfuchs

Norgard Kohlhagen
Die Schöne und die Kluge
Schwestern oder Immer nur die Hälfte vom Glück
(rotfuchs 446 / ab 13 Jahre)
Irgend etwas stimmt nicht mehr zwischen Janne (13) und Katrin (15). Sind sie etwa auch noch in denselben Jungen verliebt? Sie fangen an, miteinander zu reden...

Dirk Walbrecker
Ich liebe dich... und wer liebt mich? *Eine Dreiecksgeschichte*
(rotfuchs 595 / ab 12 Jahre)
Jan liebt Nana, Nana liebt ihren Lehrer Peter, Peter liebt Barbara, Barbara ist Nanas Mutter... Alles klar? Nana jedenfalls weiß nicht mehr, was los ist...

Dirk Walbrecker
Er liebt mich ... und was tu ich?
Eine Kuddelmuddel-Geschichte
(rotfuchs 633 / ab 12 Jahre)
Das Lieben und Geliebtwerden ist für Nana an jedem Tag aufregend. Peter oder Jan oder Tim oder Bodo? Ein wahres Kuddelmuddel der Gefühle.

Leben leben

Geschichten, Gedichte, Wut und Hoffnung – Bücher über Themen, die uns alle angehen.

Christa Hömmen
Mal sehen, ob ihr mich vermißt *Menschen in Lebensgefahr*
(rotfuchs 547 / ab 13 Jahre)
Marlene, 16, Liebeskummer, Pulsaderschnitt. Was tut mehr weh? Der Schnitt? Das Leben vorher? Wie kann man den Suizidversuch verstehen? Was kann man tun? Wo gibt es professionelle Hilfe, und was wird dort gemacht?

Frieden: Mehr als ein Wort *Gedichte und Geschichten*
Herausgegeben von Hildegard Wohlgemuth
(rotfuchs 287)

Othmar Franz Lang
Wenn du verstummst, werde ich sprechen *Ein Jugendroman über amnesty international*
(rotfuchs 206 / ab 13 Jahre)

Horst Stasius
Menschenrechte – Gesetze ohne Gewähr
(rotfuchs 469 / ab 12 Jahre)
«Kinder haben das Recht auf...» – und trotzdem werden sie vernachlässigt, ausgenutzt, gedemütigt, mißhandelt und verfolgt. Hinter jeder Verletzung der Menschenrechte steht das Leiden eines Menschen. Was können wir tun?

D. Sölle / F. Steffensky
Nicht nur Ja und Amen *Von Christen im Widerstand*
(rotfuchs 324 / ab 14 Jahre)
Geschichten über Gerechtigkeit und Gnade; Gebete, Schöpfung, Glauben; Freiheit und Ewiges Leben.

rororo rotfuchs

Nina Rauprich
Leben wie andere auch *Ich wohne im Friedensdorf*
(rotfuchs 492 / ab 13 Jahre)
Als Dreijährige kam Mai-Em mit anderen im Vietnamkrieg schwer verletzten Kindern in die Bundesrepublik. Das Friedensdorf Oberhausen wurde ihr neues Zuhause.

Geschichten der Weltliteratur
Herausgegeben von Ute Eltner und Uwe Wandrey
Hundert Jahre Liebe
(rotfuchs 449)
Hundert Jahre Helden
(rotfuchs 511)
Ute Eltner (Hg.)
Hundert Jahre Glück
(rotfuchs 526)

Tagtäglich Gedichte
Herausgegeben von Joachim Fuhrmann
(rotfuchs 135 / ab 12 Jahre)
Achtzig Lyriker schreiben über ihre und unsere Gegenwart und Zukunft, Probleme und Freuden, Ängste und Visionen – eine Gedichtsammlung für Jugendliche.